KÖNIGS FURT

W0038970

Zu diesem Buch

»Ich fühle« lautet die astrologische Definition des Tierkreiszeichen Krebs, das in seinen vielschichtigen Bedeutungen einen Knotenpunkt des persönlichen Seelenlebens und der Selbsterfahrung symbolisiert. Ein näheres Verständnis dieses Tierkreiszeichens, ist daher nicht nur für alle, die in der Zeit vom 22.6.–22.7. Geburtstag haben, von Interesse, sondern auch für alle, die mehr über ihre Gefühle und einen befriedigenden Umgang damit erfahren wollen. Durch Beiträge aus *Astrologie, Tarot, Traum- und Märchendeutung* bietet das vorliegende Werk ein umfassendes Bild der Krebs-Symbolik.

Aus dem Inhalt Die Charakteristik dieses Tierkreiszeichens »führt zu chaotischen Zuständen, solange man sich im Seelenleben nur zu einer Richtung verstehen mag oder solange die unterschiedlichsten Gefühle alle auf einmal wahrgenommen werden. Dieselbe Charakteristik vermittelt jedoch schließlich eine weitreichende Geborgenheit, weil sie die flexibelste Einstellung den Wechselfällen des Lebens gegenüber bedeutet. Es kommt nur darauf an, eine Persönlichkeit auszubilden, welche diese seelische Wendigkeit in sich nachvollziehen und nach außen zum Ausdruck bringen kann.«

Wie das geschehen und auf welche Talente in sich man dafür zurückgreifen kann, schildert dieses Buch mit vielen Beispielen und praktischen Tips.

Über den Autor Johannes Fiebig, am 30.3.1953 in Köln geboren, studierte Sozialwissenschaften, Geschichte, Germanistik und Psychologie. Seit 1984 widmet er sich als Autor den Symbolsprachen. In zahlreichen Vorträgen und Seminaren hat Fiebig mit seinem Ansatz Schule gemacht, die »fantastischen Dinge zwischen Himmel und Erde« anzunehmen und zugleich Gebiete der traditionellen Grenzwissenschaften zu entmystifizieren. Die Gesamtauflage seiner Schriften liegt über 200 000. Sein gemeinsam mit Evelin Bürger verfaßtes »Tarot – Spiegel Deiner Möglichkeiten« ist eines der bekanntesten Tarot-Bücher. E. Bürger und J. Fiebig leben mit ihren beiden Kindern in Klein Königsförde, unweit von Kiel.

Johannes Fiebig

Tierkreiszeichen Krebs

Chaos und Geborgenheit

Königsfurt Verlag

Reihe
Astrologie, Tarot, Träume & Märchen
Band 4
Krebs

Originalausgabe
Königsförde Juni 1991

Copyright © Königsfurt Verlag
Bürger & Fiebig
Königsfurt 6
D-2371 Klein Königsförde
am Nord-Ostsee-Kanal
(Post Bredenbek)

Umschlaggestaltung: Michael Rompf, Hamburg

Abbildung der Tarot-Karten:
Rider Waite Tarot und Crowley Thoth Tarot -
Bezugsquellennachweis und Copyright
bei AG Müller, Neuhausen/Schweiz.
Ancien Tarot de Marseille –
Copyright bei Ets France Cartes – Grimaud, Paris.

Schreibarbeiten: Anke Senff, Mielkendorf bei Kiel

Gesamtherstellung: Clausen & Bosse, Leck
Printed in Germany

ISBN 3-927808-04-0

Inhalt

Für Nora

»Flower to the people«

Tierkreiszeichen Krebs

Eine Einführung in die Symbolkunde

Eine Tugend gibt es, die liebe ich sehr, eine einzige. Sie heißt Eigensinn. – Von allen den vielen Tugenden, von denen wir in Büchern lesen und von Lehrern reden hören, kann ich nicht so viel halten. Und doch könnte man alle die vielen Tugenden, die der Mensch sich erfunden hat, mit einem einzigen Namen umfassen. Tugend ist: Gehorsam. Die Frage ist nur, wem man gehorche. Nämlich auch der Eigensinn ist Gehorsam. Aber alle andern, so sehr beliebten und belobten Tugenden sind Gehorsam gegen Gesetze, welche von Menschen gegeben sind. Einzig der Eigensinn ist es, der nach diesen Gesetzen nicht fragt. Wer eigensinnig ist, gehorcht einem anderen Gesetz, einem einzigen, unbedingt heiligen, dem Gesetz in sich selbst, dem »Sinn« des »Eigenen«.

In einer Schrift (von 1919) mit dem Titel »Eigensinn« formulierte Hermann Hesse, seines Zeichens Krebs, dieses »eigensinnige« Credo, das zugleich eine Art Entwicklungsprogramm für das Tierkreiszeichen Krebs darstellt. Krebs, Löwe und Jungfrau – die drei astrologischen Sommerzeichen behandeln Entdeckung, Aufbau und Verfeinerung des Eigensinns. Die Zeit des Krebses bezeichnet dabei den (wiederholten) Moment der Geburt der inneren Natur und der seelischen Eigenständigkeit eines Menschen.

Das Tierkreiszeichen Krebs bezieht sich in der Jahreszeit auf den Monat vom 22.6.–22.7. und in der Lebenszeit besonders auf das Alter von 21–28 Jahren. Jedes Tierkreiszeichen gleicht einem Modell für bestimmte seelische Eigenschaften und Entwicklungslinien – einem Modell, das seine Bedeutung für jede/n von uns besitzt, sofern wir einen gewissen kulturellen Hintergrund gemeinsam haben. Die persönliche Geburtszeit und das gegebene Lebensalter bestimmen dabei den individuellen Stellenwert der einzelnen Tierkreiszeichen.

Zu den inneren Widersprüchen des Typus »Krebs« gehört es aber, daß sich dieser zumeist mehr für das Einzelne, das individuelle Schicksal oder das persönliche Beispiel interessiert – mehr als für eine allgemeine Typen- oder Charakterkunde. Und dennoch – oder gerade deshalb: Wer sich für das Einzelne und das Individuelle interessiert, muß viel vom Anderen kennen, um seine Interessen zu verfolgen und diese in ihrer Bedeutung zu verstehen. Die Symbolsprachen, welche in diesem Buche zu Worte kommen, können zu diesem Verständnis beitragen – zu einem Selbst-Verständnis, das im übrigen erst jenen Gehorsam gegenüber dem Sinn des Eigenen fruchtbar macht, von welchem Hermann Hesse spricht.

Fantasievoller Alltag

Es mag naheliegend erscheinen, daß zu einem geeigneten *Selbstverständnis* vor allem eine genaue Betrachtung von gewohnten *Selbstverständlichkeiten* verhilft. Doch dieser Blickwinkel gilt uns oftmals als fremd. Auf eine spielerische, erprobende Weise muß man sich von einem Kreislauf, von einem System von Gewohnheiten zunächst einmal lösen, um einen neuen Blick auf alte Selbstverständlichkeiten zu gewinnen. Diesen Vorgang erleben wir manchmal, wenn wir nach einem Urlaub nach Hause kommen und, voll von fremdartigen Eindrücken, das vertraute Heim im neuen Lichte sehen. Dasgleiche geschieht, wenn wir verliebt oder verletzt, wütend oder erleichtert sind und die Welt mit einem Male mit anderen Augen sehen.

Seit Ende der 1960er Jahre kennen alle (westlichen) Gesellschaften ein verstärktes, populäres Bedürfnis nach Selbsterfahrung. So als wollten wir nicht nur in oder nach einem Urlaub neue Einsichten in uns selbst gewinnen, sondern auch täglich und alltäglich. Das neue, massenhafte Interesse an Selbsterfahrung hat zunächst (seit den 1970er Jahren) einen beispiellosen Psychologieboom hervorgebracht, dann (in den 1980er Jahren) zusätzlich einen Schub in Sachen Esoterik und Grenzwissenschaften, welcher sowohl ein Zerfallsprodukt wie auch eine sinnvolle Weiterentwicklung der Selbsterfahrung darstellen kann.

All dies ist neu, vielfach schillernd und offen in seinen schließlichen Konsequenzen. So ist es kein Wunder, wenn der Aufwand, der also neuerdings um die Selbsterfahrung getrieben wird, teilweise auf Unverständnis stößt oder wenn gerade der (veränderte) Blick auf Alltägliches manchem Kritiker als banal und als Anlaß zum Spott erscheint:

»Kaum eine Lebensäußerung ist dabei alltäglich, gewöhnlich und marginal genug, um dem quasi-therapeutischen Zugriff zu entgehen. Früher hat man vielleicht bisweilen gemalt, getanzt, Musik gemacht oder gekocht, heute macht man eine Mal/Tanz/Musik-oder Kochtherapie. .. (Eine) gnadenlose Okkupation des Banalen..., folglich findet der Interessierte Seelen-workshops fürs Luftholen (Bewußt atmen), fürs Guk-ken (Frei blicken) und, als Krönung, fürs aufrechte Gehen und Stehen (Wie widerstehe ich der Schwer-kraft?)«, soweit die Kommentatorin einer Alternativ-zeitschrift. Noch der Spott drückt jedoch die Sehn-sucht nach einem anderen Alltag aus: »Früher hat man...« Ja, früher schien manches selbstverständ-licher. Und der Wunsch, daß es »wieder« einfach und selbstverständlich sein möge, ist berechtigt und mehr noch: Dieser Wunsch ist der Motor dafür, daß man nicht das ganze und auch nicht das halbe Leben in Therapien oder nur auf der Suche verbringt. Solange das alte Selbstverständnis nicht mehr trägt und ein neues noch nicht vorhanden ist, das ja nur daraus ent-steht, daß man sich in der Welt *selbst versteht*, solange aber ist eine Übergangssituation gegeben, in der ge-rade das Alltägliche neu eingeübt wird.

Zu diesem Weg in einen »anderen Alltag« mit einem erweiterten persönlichen Selbstverständnis bekennt sich das vorliegende Buch. Die behandelten Symbol-sprachen bieten Inhalte und Methoden an, welche den Weg der Selbsterfahrung bereichern und beflügeln.

Zugleich werden sie hier auch als *Beispiel* für die all-gegenwärtige Dimension des Symbolischen im Leben verstanden. Eine Anekdote zur Verdeutlichung: In sei-nem Romanwerk »Auf der Suche nach der verlorenen Zeit« beschreibt der französische Schriftsteller Marcel Proust, seines Zeichens ebenfalls Krebs, ein aufrütteln-des Erlebnis – mit einem Kuchengebäck. Der Geruch von in Lindenblütentee getauchten Madeleines versetzt ihn zurück in seine Kindheit, löst einen Taumel von Erinnerungen aus, ja, bringt ihm eine vergessene Welt wieder zum Vorschein, der er sich anschließend mit Ausdauer widmet. – Kuchen ist Kuchen und Tee ist Tee. Aber manchmal kommt diesen Dingen auch eine Bedeutung zu, die weit über sie selbst hinausführt. Was früher im Extrem wie ein Spuk gewirkt hat, solche überraschenden Eigenarten von vertrauten Dingen können durch Erfahrungen in der Symbolkunde besser verstanden und systematisch erschlossen werden.

Wege zur Selbst-Erfahrung

Mit der Astrologie achten und beachten wir im besonderen die »Qualität der Zeit«, in der wir einen Schlüssel zum Verständnis der Einmaligkeit, d. h. der Vergänglichkeit und der Ewigkeit eines Augenblickes finden können. Indem die Astrologie (in Form von Elementen, Tierkreiszeichen und »Planeten« u. a.) an einer Typenbildung von Charakteren und Verhaltensweisen arbeitet, leistet sie einen unvergleichlichen Beitrag zu einer »Grammatik des Unbewußten«.

Das Tarot-Kartenlegen gleicht einem Spiel- und Übungsplatz, auf dem es in mehrfacher Hinsicht möglich ist, dem Alltag in die Karten zu schauen. Die Qualität der Zeit nimmt – über die Arbeit mit dem »Zufall« beim Kartenlegen – ebenfalls eine große Rolle ein. Hinzu kommen die Begegnungen mit kulturellen Leitbildern, mit individuellen Sehgewohnheiten und mit dem Selbstbild einer Person. Das Tarot-Kartenlegen ist ganz wesentlich eine Kunst des Augenblicks, wobei

»Augen-Blick« sowohl das Schauen sowie den Zeitmoment meint.

Während die Astrologie die seelische Begriffsbildung und das Tarot die seelische Wahrnehmung der Außenwelt in den Mittelpunkt der Aufmerksamkeit rücken, betont die Traumdeutung die bewußte oder ausdrückliche Wahrnehmung der Innenwelt. Der »Augenblick« besitzt auch hier eine besondere Bedeutsamkeit. Träumen stellt eine Art geistigen Schauens dar. Und in der praktischen Traumdeutung hängt viel von der Assoziationskraft ab, die wiederum eine Offenheit für die Impulse des Moments erfordert.

Märchen wurden bis ins frühe 19. Jahrhundert weitaus häufiger für Erwachsene als für Kinder erzählt. Sie waren Teil einer Volkstradition, die bis dahin als nicht druckfähig galt und die im Sinne der Schrift- und Kulturwelt sprachlos war. Die klassischen Märchen zeugen von der Herausbildung einer Volksmythologie, mit der sich die »kleinen Leute« u. a. gegen ihre offizielle Sprachlosigkeit behaupteten. Diese Zusammenhänge sind nicht allein von geschichtlichem Interesse. Auch in der individuellen Entwicklung eines heutigen Menschen gibt es immer wieder »sprachlose« Zeiten und die Notwendigkeit, eine persönliche Vision und einen privaten Mythos zu behaupten. Märchen aktualisieren die Betroffenheit und können die erforderlichen Kräfte des Vertrauens und der Begeisterung für den persönlichen Weg stärken.

Wie der mündliche und der schriftliche Ausdruck, wie die Körpersprache, so besitzen auch die speziellen Symbolsprachen Tarot, Astrologie, Traum- und Märchendeutung ihren Wortschatz und ihre Grammatik. Darin möchte das vorliegende Buch Einblicke gewähren. Es möchte deutlich machen, wieviel Vergnügen, Spannung und Nutzen aus ihnen zu ziehen sind. Zusätzlich vermittelt es Anregungen und »Handwerkszeug« für eine weitergehende, selbständige Beschäftigung.

Als Mittel der Selbsterfahrung können die Symbolsprachen einen fantasievollen und wirksamen Beitrag zu einer *guten Beziehung zu sich selbst* leisten. Eine liebevolle und aufmerksame Zuwendung sich selbst gegenüber ist – wie die Gesundheit – nicht alles im Leben; doch ohne sie ist alles nichts.

Das leitet zum Thema Krebs als Krankheit über. Diese Thematik soll in diesem Buch *nicht* behandelt werden. Obwohl es vielleicht Parallelen zwischen den Stärken und Schwächen des Symboltieres Krebs einerseits und seelischer Gesundheit und Krebserkrankung andererseits gibt. Doch zum Tierkreiszeichen Krebs gehört auch ein Bewußtsein der *Grenzen* der eigenen Gefühle. Die persönliche Gesundheit und ihr Schutz im ganzen übersteigen den Gültigkeitsbereich eines Tierkreiszeichens und der hier behandelten Symbolsprachen.

Wir halten uns an die Überzeugung, daß die richtige seelische Mischung aus »Gefühl und Härte« zur persönlichen Gesunderhaltung beiträgt und daß die selbständige, kritische Aneignung von Astrologie, Tarot, Traumwelt und Märchendeutung dazu verhilft, eine gute Beziehung zu sich selbst zu entwickeln und zu pflegen.

In lichter Nacht

Der Krebs in der Astrologie

Wenn das Tierkreiszeichen Krebs am 22. 6. beginnt, ist dies die Zeit der Sommersonnenwende. Die Sonne steht dann – in unseren Breiten – am höchsten; die Tage sind am hellsten, und die Nacht wird kaum richtig dunkel. In diesem Lichte offenbaren sich die tiefen Instinkte, die seelischen Uralt-Regungen dieses Zeichens. Der Krebs als Tier stellt ein sehr altes Geschöpf der Evolutionsgeschichte dar, und dieser Sachverhalt bestimmt auch seine symbolische Bedeutung.

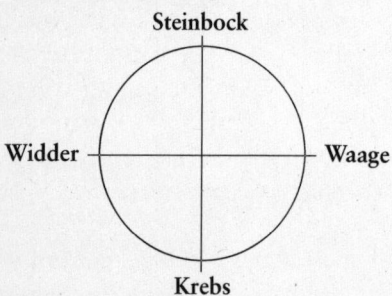

Wenn die Sonne am höchsten steht, erreicht der astrologische Jahreskreis seine *tiefste* Stelle. Das starke Licht des Sommers wirft besonders weite Schatten. Und: Bis in die verborgensten Geschosse des Daseins fällt das Licht. Das Hervortreten genauso wie die Auflösung gewisser grundlegender Kontraste im Leben eines Menschen sind Merkmale dieser ersten Sommertage und -wochen.

Die »konkrete Utopie« der Heimkehr

Diese Merkmale lassen sich auch in Leben und Werk prominenter »Krebse« erkennen. Bei Franz Kafka (geb. 3.7.1883 in Prag) finden wir beispielhaft die Verstrickung in einen »Prozeß« der Selbst-Auseinandersetzung, den Bann eines »Schlosses«, das in einer komplexen Eigendynamik gefangennimmt. Dem gegenüber steht die Würdigung und die Herausarbeitung des »Eigensinns« bei Hermann Hesse (geb. 2.7.1877 in Calw/ Schwarzwald), wovon im vorigen Kapitel die Rede war. Vielleicht kennen Sie auch Filme von Ingmar Bergmann, wie »Das Schweigen«, »Das siebente Siegel« oder »Szenen einer Ehe«. I. Bergmann, am 14.7.1918 in Schweden (Uppsala) gebürtig – wo die Mittsommernacht das Leben noch unmittelbarer prägt als in West- oder Mitteleuropa –, bringt in seinen Werken die hohen-tiefen Gefühle der frühen Sommerzeit deutlich zum Ausdruck. Als der Filmemacher vor wenigen Jahren sein Lebensende erreichte, berichteten Freunde und Kollegen u. a. von dem »Kind«, das auch noch in dem erfahrenen, betagten Manne lebendig geblieben sei, jenem Kind, so Liv Ullmann, das »soviel gesehen und das soviel zu erzählen gehabt« habe – eine interessante Beschreibung zugleich für das Tierkreiszeichen Krebs als Typus. – »Spuren« des gleichen Typs finden wir auch in der Gestalt des Philosophen Ernst Bloch (geb. 8.7.1885 in Ludwigshafen), welcher u. a. die Begriffe vom »Prinzip Hoffnung« und von der »konkreten Utopie« prägte. Bezeichnend sowohl für die Person Ernst Blochs wie auch für das Zeichen Krebs erscheint seine bekannte Formulierung von der Vision der Heimkehr: »Etwas, das allen in die Kindheit scheint und worin noch niemand war – ›Heimat‹«. Es ist die (frühe) Sommersonne, welche uns allen in die Wiege der seelischen Eigenständigkeit scheint, welche die innersten *Quellen* eines Menschen sichtbar macht. Der Weg des Tierkreiszeichens Krebs besteht nun darin, von dieser Herkunft und von allem, wo man seelisch in den Windeln gelegen hat, sich zu verabschieden, um als Erwachsener, der das Andere und das Eigene in der Welt gefunden hat, wieder zu dieser heimatlichen Wiege, der Quelle des Ursprungs – nicht zurückzukehren, sondern – bewußt vorzudringen. Das drückt Ernst Bloch u. a. im Begriff der vertrauten und doch noch utopischen Heimat aus. Ein ähnlicher Gedanke findet sich beispielsweise im erzählerischen Werk der österreichischen Schriftstellerin Barbara Frischmuth (geb. 5. 7. 1941 in Altaussee): »Rückkehr zum vorläufigen Ausgangspunkt« heißt der in diesem Sinne bezeichnende Titel einer ihrer Erzählungen.

Im Zeichen des Krebses, in heller Nacht werden Widersprüche in und zwischen den Menschen besonders fühlbar. Ihre Mystifikationen, ihre Rollen und Modelle werden besonders deutlich, aber auch die Möglichkeit der Metamorphose, der Verwandlung und der Erlösung aus vorgefertigtem Rollenverhalten. »Mystifikationen«, »Modelle« und »Metamorphose« spielen auf weitere Titel aus dem Werk von Barbara Frischmuth an. (Vgl. die Übersicht in den Anmerkungen auf S. 147.) Und es ist insbesondere ein Titel von Frau Frischmuth, welcher die Strebungen des Tierkreiszeichen Krebs zwischen Selbst-Verstrickung und Eigensinn, zwischen Schweigen und Prinzip Hoffnung zusammenzufassen vermag: »*Das Verschwinden des Schattens in der Sonne*«*!*

Ein Resümee als Ausgangspunkt

Aus Sicht des Verfassers läßt sich der Stand der astrologischen Diskussion, was das Tierkreiszeichen Krebs angeht, etwa folgendermaßen zusammenfassen: Das Tierkreiszeichen Krebs ist das kardinale (beginnende) Zeichen des Elements Wasser. Seine Definition lautet: »Ich fühle«. Vielfach wird es zugleich als das stärkste der Wasserzeichen verstanden. Auf jeden Fall weist es sich durch starke Gefühle, reiche Fantasien und eine entwickelte Vorstellungskraft aus. Dieses Tierkreiszeichen ist ausdauernd in seinen Emotionen, auch wenn diese selbst häufig schwanken. Es entwickelt seine Fähigkeiten gern in der Abgeschlossenheit und möchte erst mit Fertigem in die Öffentlichkeit treten. Es besitzt ausgeprägte Beschützer- und Abwehrinstinkte, bietet und braucht *Sicherheit* in seiner Umgebung (weshalb auch das Versicherungsgewerbe in einer besonderen Beziehung zum »Krebs« gesehen wird, obwohl diese Gleichung nur zum Teil aufgeht, weil der »Krebs« vor allem Sicherheit in der Befolgung seiner Gefühle sucht und spendet). Das Tierkreiszeichen Krebs gilt als empfindsam, vorsichtig und scheu. Es fürchtet Ablehnung, leistet selbst jedoch passiven Widerstand bis zur Perfektion. Allerdings trifft auch die Umkehrung oft zu: Beispielsweise eine Empfindungslosigkeit im Sinne der Apathie wie auch im Sinne einer »panzerhaften«, robot-artigen Starrsinnigkeit. Sein Panzer schützt ihn vor Verletzungen, von Zeit zur Zeit wechselt er jedoch von einem alten in ein neues Schutzgehäuse. Manchmal ist es durchaus wünschenswert, (auch) verletzlich zu sein.

Der Krebs zieht sich gern in sein reiches Innenleben zurück. Er braucht Zeit, um Erlebnisse sinken zu lassen. Dadurch bewahrt er ein gutes Erinnerungsvermögen, ein besonderes Gedächtnis für Gefühle und Stimmungen. So bringt er einerseits gute Voraussetzungen zum Alleinsein mit, gewinnt nicht selten Sicherheit und Wohlbefinden daraus, auf sich gestellt zu sein. Andererseits braucht kein anderes Zeichen so sehr Familie, Heim oder Heimat (in einem ganz persönlichen Sinne) wie eben das Zeichen Krebs.

Im landläufigen Sinne besitzt der Krebs ein »kompliziertes Innenleben«: Einmal entwickelt er Riesenkräfte, dann ist er schwach wie ein Kind; er ist wechselhaft, dabei durchaus auch intolerant, zu sehr oder zu wenig beeinflußbar und zwiespältigen Gefühlen ausgeliefert. Er kann liebenswürdig, charmant und aufgeschlossen erscheinen und plötzlich gegenteilige Verhaltensweisen zeigen. Er kann vor Mitleid mit anderen zerfließen und dann wieder aus purem Selbstmitleid blind für die Bedürfnisse anderer sein. So diplomatisch und erfolgreich er in der Erreichung eingesehener Ziele sein mag, so bitter, grimmig und unsinnig kann er werden, wenn er sich verletzt fühlt. Wenn er sich überfordert und mißverstanden findet, kann er rigoros jeglichen zwischenmenschlichen Kontakt abbrechen.

An der tiefsten Stelle des Jahreskreises angesiedelt, stellt der Krebs auch die Verbindung, die Schaltstelle zur persönlichen Vor- und Urgeschichte dar. Hier ist der Punkt der sogenannten Mutter-Bindung und des »Karma«. In seiner Bedeutung für uns alle gleicht das Tierkreiszeichen Krebs auf der einen Seite einem Jungbrunnen, einem Urlaub an der Sommerfrische, weil es ihm gelingt, immer wieder zu den eigenen Wurzeln zurückzukehren und aus dem Vollen zu schöpfen, ganz nach dem Motto »an der Quelle saß der Knabe...«

Astrologische Definitionen
der Tierkreiszeichen

Widder:	Ich bin.
Stier:	Ich habe.
Zwillinge:	Ich denke.
Krebs:	*Ich fühle.*
Löwe:	Ich will.
Jungfrau:	Ich analysiere.
Waage:	Ich gleiche aus.
Skorpion:	Ich begehre.
Schütze:	Ich sehe.
Steinbock:	Ich nutze.
Wassermann:	Ich weiß.
Fische:	Ich glaube.

Andererseits hängen ihm aber auch ererbte Gewohnheiten, unverdaute Reste seiner Geschichte (besonders
seiner Familien- und Beziehungsgeschichte) besonders
langwierig an, so daß *Entsorgung*, Entschlackung und
Entrümpelung (in gefühlsmäßigen wie in äußeren,
»sachlichen« Angelegenheiten) zu einer vordringlichen
Aufgabe werden.

Um mit seinen Gefühlen in Fluß zu bleiben, kommt es
für den Krebs, soweit bisher dargestellt, darauf an, ein
richtiges Verhältnis von Ironie und Verbindlichkeit sich
selbst gegenüber zu entwickeln, deutlich Ja und Nein zu
sagen oder ein bewußtes Jein auszusprechen – auf eine
Lauterkeit in den Gefühlen also und auf die Kultivierung eines persönlichen Lebensstils auf der Basis wech-
selnder Stimmungslagen.

Autonomie des Seelenlebens

Das Element des Tierkreiszeichen Krebs ist das Wasser
(vgl. Übersicht auf S. 26/27). Das Wasser stellt in der
Astrologie wie in den anderen Symbolsprachen das Seelenleben und das Unbewußte dar. Märchen erzählen beispielsweise vom »Wasser des Lebens«, das gefunden
werden muß, weil ein (alter) König oder ein Königreich
sonst zugrundegingen. Sie beschreiben damit jedesmal
auch die zunächst verborgene verwandelnde Kraft der
Gefühle und der Seele. Wie aber das Wasser in der Natur
beleben, jedoch auch zerstören kann, so wirken gleichfalls das Gefühlsleben sowie die Macht der Seele und des
Unbewußten in doppelter Weise. Auch der Mond, der
herrschende »Planet« im Zeichen Krebs, ist sowohl Inbegriff der Romantik wie auch der unwirtlichen Leere.

Bis in die Frühzeit der abendländischen Kultur läßt sich die Vorstellung vom »Wasser des Lebens« zurückverfolgen. Wenn also beispielsweise Märchen vom Lebenswasser und vom Jungbrunnen erzählen, greifen sie damit nur alte mythische und religiöse Bilder auf. Die Ägypter glaubten, daß das Wasser aus der Todesstarre befreie. Die babylonische Göttin Ischtar mußte in die Welt der Toten hinuntersteigen, um das Wasser des Lebens zu holen. Im biblischen Paradies fließt ebenfalls dieses ganz besondere Elixier. Gott selbst galt den Propheten des alten Testaments als Quelle des sprudelnden Lebenswassers. Neben die lebensspendende Kraft des Wassers tritt die der Reinigung.

Weil das Wasser ein Urelement, einen Ursprung aller Dinge darstellt, symbolisiert das Wiedereintauchen in das Wasser u. a. eine Rückkehr zu verflossenen Urzeiten. In der Evolutionsgeschichte stellt die Zeit des Lebens im Wasser aus menschlicher Sicht eine Vorzeit dar, eine Zeitspanne, die der Entstehung der menschlichen Rasse vorausging. In der Individualgeschichte wiederholt sich im kleinen Maßstab und im Zeitraffer diese gesamte Entwicklung. Denn im Mutterleib macht jeder Mensch bekanntlich den Weg gleichsam von der Krabbe oder der Kaulquappe bis hin zur Menschwerdung durch, um dann zur Zeit der Geburt das große Wasser zu verlassen. Das Wasser kann für den Menschen daher einen Ort der vollkommenen Geborgenheit, aber auch der vollständigen Umschließung und Gefangenschaft darstellen. Aus der Sicht eines freien, selbstbewußten Menschen, der den aufrechten Gang und die frische Luft schätzen gelernt hat, bedeutet die Rückkehr zum Wasser und ein gänzliches Wiedereintauchen in das nasse Element durchaus eine Art Selbstaufgabe. Das Wasser besitzt von daher auch einen bedrohlichen Charakter, der in Bildern und Geschichten

Die vier Elemente

Feuer

bedeutet Lebensfeuer, Lebensenergie, Begeisterung und Lebendigkeit. In der Natur sind es vor allem die Sonne, Feuer aller Art und Blitze, die in ihren verschiedenen Erscheinungs- und Wirkungsformen die Kraft des Elements Feuer zur Geltung bringen. Im menschlichen Verhalten verleihen besonders die *Daseinsfreude*, der *Wille* und die *Intuition* der Feuerkraft Ausdruck.

Weitere Merkmale des Elements Feuer: Lebenslust und Selbstbehauptung, Zeugungs-, Schaffens- und Gestaltungskraft, Einsatzbereitschaft und Macht, Durchsetzungsvermögen. Charakteristisch für das Element Feuer sind Entschlüsse und Taten. Schwierige Situationen (»Feuerproben«) werden gemeistert, indem man etwas tut: *»Es muß etwas geschehen.«*

Zum Element Feuer gehören die Tierkreiszeichen Widder, Löwe und Schütze.

Wasser

bedeutet Lebenselixier, Lebensfülle, Seele und Seligkeiten. In der Natur bringen der Mond sowie Gewässer jeder Art die Kraft des Elements Wasser zum Ausdruck. Im menschlichen Verhalten sind es vor allem das *Gefühlsleben*, die *persönlichen Bedürfnisse* und *Leidenschaften*.

Weitere Merkmale des Elements Wasser sind Mitgefühl, Eingebung, Träume, Stimmungen und das Unbewußte. Charakteristisch für das Element Wasser sind Offenheit und Hingabe. Schwierige Situationen (»sich freischwimmen müssen«) werden gemeistert, indem man die Gefühle prüft: *»Auf die richtige Einstellung kommt es an.«*

Zum Element Wasser gehören die Tierkreiszeichen Krebs, Skorpion und Fische.

Luft

bedeutet menschliche Atmosphäre, Lebensgeister, geistige Energie und Gedankenwelt. In der Natur sind es der Luftraum und die Erdatmosphäre und im übrigen die Sterne (die durch die irdischen Luftschichten erst für uns funkeln), die die Kraft des Elements Luft in seinen verschiedenen Formen zur Geltung bringen. Im menschlichen Verhalten sind es besonders *Denken*, *Wissen* und *Vorstellungskraft*, Bewußtheit und Intelligenz, die dem Element Luft entsprechen.

Weitere Merkmale des Elements Luft: Geistesgegenwart und Gedankenkraft, Begriffe, Werte, Beurteilungen, ästhetische Maßstäbe und Mitteilungskünste. Charakteristisch für das Element Luft: Erkenntnisse und Entscheidungen. Schwierige Situationen (»harte Nüsse«) werden gemeistert, indem man die erforderlichen Lernprozesse bewältigt: »*Jetzt ist es klar.*«

Zum Element Luft gehören die Tierkreiszeichen Waage, Wassermann und Zwillinge.

Erde

bedeutet Materie, Stoff, körperliches Leben und Lebenszyklen, insgesamt die materiellen Lebensverhältnisse. In der Natur ist selbstredend die Erde, auf der und von der wir alle leben, Inbegriff der Erdkräfte. Gemeint ist dabei sowohl die Erdkugel als Ganzes wie auch die Erde im Sinne von »Muttererde«, Sand, Stein usw. Im menschlichen Verhalten drücken sich die Kräfte des Elements Erde vor allem in *körperlichen Empfindungen* und *Wahrnehmungen* aus.

Weitere Merkmale des Elements Erde: *Praktische Fähigkeiten, angewandte Talente, genutzte Chancen*. Lebensunterhalt, Lebenserhaltung, Betroffenheit, Fruchtbarkeit, Wachstumskräfte und Natürlichkeit. Charakteristisch für das Element Erde sind Produkte – Ergebnisse, Fakten und Definitionen. Schwierige Situationen (»Belastungstests«) werden gemeistert, indem man für etwas eine feste Form schafft: »*So kann es bleiben; so ist es nun einmal.*«

Zum Element Erde gehören die Tierkreiszeichen Stier, Jungfrau und Steinbock.

der Vernichtung Ausdruck gefunden hat: etwa im Mythos der Sintflut; in den Erzählungen von Jona und anderen, die von einem Wal verschlungen werden; sowie in entsprechenden Berichten von Überschwemmungen, Sturmfluten u. a. m.

Aus diesem Grund ist das Wasser seit alten Zeiten zwar Lebensquelle, aber auch ein »Wasser des Todes«. Wir sollten diese doppelte Bedeutung des Wassers unbedingt beachten. Wünsche und Sehnsüchte, die davon handeln, zur »Ureinheit« zurückzukehren, in das (große) Wasser einzutauchen, eine vollständig umhüllende Geborgenheit oder versicherte Sicherheit zu besitzen, können jedesmal bewußte oder unbewußte Wünsche nach Selbstpreisgabe, die Gefahr eines drohenden Ich-Verlustes signalisieren. Davor muß man sich schützen, indem man die belebende und die verschlingende Bedeutung des Wasser-Elements deutlich unterscheidet.

Im Element Wasser ist es möglich und notwendig, »richtig« und »falsch« in geeigneter Weise auseinanderzuhalten, und dies gilt auch für den Zuständigkeitsbereich des Tierkreiszeichen Krebs, für die Gefühle und die Seele. Dem steht allerdings das verbreitete Mißverständnis entgegen, das Wasserelement kenne keine Unterteilungen und keine Trennungen. Angeblich, so wird vielfach argumentiert, sei es allein Kennzeichen des analytischen Verstandes, zu trennen und zu unterscheiden. In Wirklichkeit aber nimmt *jedes* Element Unterteilungen vor. Das Wasser in der Natur beispielsweise weist in sich unterschiedliche Strömungen und Schichten auf, und die Krebstiere sind geradezu sprichwörtlich für ihre Richtungswechsel. Das Seelenleben unterscheidet nach Sympathie und Antipathie sowie nach Wünschen und Ängsten.

Gefühle sind in sich widersprüchlich und mehrdeutig. Alte und uralte Instinkte und seelische Eindrücke, wie sie das Krebstier symbolisiert, können die goldrichtige innere Stimme darstellen und wundervolle Inspirationen zutage fördern. Sie können auf der anderen Seite jedoch alte und uralte Vorbehalte zur Geltung bringen, Ressentiments, überlebte Gewohnheiten, Wiederholungen von längst vergangenen Wirklichkeiten.

Die Widersprüchlichkeit der Gefühle läßt nun den Krebs vorwärts und wieder rückwärts gehen, läßt uns Launen und Stimmungsschwankungen verspüren. All dies und weitere sogenannte »Komplikationen« des Seelenlebens sind jedoch keineswegs allein und nicht einmal vornehmlich als Zeichen eines unausgeglichenen oder eines problematischen Charakters zu verstehen. Das »chaotische« Verhalten dient vielmehr vor allem dazu, die Gefühle in ihrer wechselvollen Gestalt aufzuspüren und auszuloten. Damit wird eine Unterscheidung, was im persönlichen Sinne geeignete und ungeeignete Gefühle sind, überhaupt ermöglicht.

Durch seine Gabe des Fühlens ist es im besonderen das Tierkreiszeichen Krebs, das eine menschliche Beziehung zu allem Lebenden auf dieser Erde herstellen kann. Damit sein Einfühlungsvermögen und sein Mitgefühl gut fließen können, muß der Krebs sich seine Gefühle offenhalten, was spontane Wechsel und (scheinbare) Launen mitbedingt. Das Entscheidende ist nun das Resultat, welches der Krebs auf diese Weise erzielt: In dem er sich auf Beziehungen einläßt und über Beziehungen sich definiert, löst er sich von allen vorgegebenen, objektiven »Sachzwängen«. Sich als Subjekt, als freischaffendes Ich zu erleben, wird uns im Reiche der Tierkreiszeichen vor allem durch den Krebs ermöglicht.

Die Autonomie des Seelenlebens ist Grundlage eines starken und souveränen Ich- und Selbst-Bewußtseins. Das Tierkreiszeichen Krebs, die tiefste Stelle des Jahreskreises, stellt den Anfangspunkt, die Geburt der seelischen Autonomie dar.

Klischees aufweichen

Sicherlich sind für jedes Tierkreiszeichen klischeehafte Vorstellungen im Umlauf. Ausgerechnet für das Zeichen Krebs, das besonderen Wert auf das Einzelne, auf das Nicht-Standardisierte legt, ausgerechnet hier halten sich jedoch einige altbackene Überlieferungen besonders hartnäckig.

Da ist zunächst das Gerücht, daß Tierkreiszeichen Krebs beinhalte hauptsächlich eine zartbesaitete Seelennatur, gefühlvoll, sentimental, etwas weltfremd und verträumt. Tatsächlich aber gehört zum Krebs – als Tier wie als Charaktertyp – der weiche Kern genauso wie die harte Schale. Eine weiche, innere Empfindsamkeit kennzeichnet das Verhalten des Krebses ebenso wie der harte »Charakterpanzer« und wie – nicht zu vergessen – die überaus wirksamen Scherenzangen.

Ein weiteres Klischee besagt, wenn schon Panzer und Kneifzangen zum Krebs als Tier und als Symbol unvermeidlich dazugehören, so sei die Bewertung jedenfalls eindeutig: Die fließenden Gefühle seien wünschenswert und in Ordnung; dagegen bedeute die harte Schale eine abzulehnende, wenig erstrebenswerte Verkrustung und Verhärtung. Sich zu öffnen – gilt denn auch in vielen Bereichen der Selbsterfahrung als Hauptdevise, als eine Art Generalschlüssel. Doch weit gefehlt: Gerade wenn die Gefühle fließen dürfen, schließen sie auch ihr paradoxes Gegenteil ein: Eine gewisse Art der Härte und der Gefühlslosigkeit. Wie beispielsweise beim Tierkreiszeichen Wassermann (Definition »Ich weiß«) das Wissen erst seine Blüte erreicht, wenn es auch weiß, was es *nicht* weiß, – so gilt hier, beim Krebs, daß die Seelenkräfte und die Gefühle erst dann ihren Reichtum voll entfalten, wenn sie *fühlen, wo ihre Grenzen sind*. Dies stellt sinnbildlich der Krebspanzer u. a. dar.

Der große Unterschied: Der Krebspanzer kann auf der einen Seite die *Weigerung* bedeuten, sich auf die inneren Vorgänge und seelischen Empfindungen überhaupt einzulassen. Er versperrt dann den Weg zur Mitte eines Menschen. Umgekehrt jedoch, wenn ein Mensch von der Mitte ausgeht, aus seiner Mitte lebt, dann findet er in seinen Gefühlen auch eine Begrenzung – sein Maß und sein Ziel, woran er deutlich empfindet, daß es (auch) im Seelenleben ein Jenseits, das ganz Andere gibt. Der entscheidende Punkt: Erst mit guter Einfühlungsgabe und mit entwickeltem Mitgefühl wachsen das Gefühl von und der Respekt vor dem »ganz Anderem«.

Die Liebe läßt die Gefühle wohl am reichsten sprudeln, und ein Geheimnis (eine permanente Herausforderung) der Liebe ist dieses: Wir sehen den geliebten Menschen mit doppelten Augen. Auf der einen Seite erfahren wir immer mehr über sie oder ihn; fühlen und wissen immer besser, wie er oder sie sich verhält und verhalten wird, was er oder sie mag oder was nicht, usw. Andererseits aber erleben wir immer deutlicher, daß dieser geliebte Mensch *ganz anders* ist, als man selbst jemals erfassen und erfühlen kann. Auf dieser Seite spüren und wissen wir nur, welches Geheimnis,

wieviel Undurchdringlichkeit und wieviel unvorher-
sehbare Überraschung in der oder dem anderen stek-
ken.

Mit wachsender Liebe und Erkenntnis steigt auch der
Respekt vor dem ganz Anderen. Die Liebe führt uns
immer wieder in seelisches Neuland hinein. Auf der
einen Seite gilt es, seelisch mitzuwachsen und innere Begrenzungen, gepanzerte Vorbehalte aufzugeben. Das
erfordert manchmal Mut (»Mut zum Gefühl«, wie ein
verbreiteter Slogan sagt), entspricht oft jedoch der oh-
nehin vorhandenen Sehnsucht des Gefühls- und Seelenlebens, sich auszudehnen und zu erweitern (»der Seele
Flügel wachsen zu lassen«).

Dabei ist eines nun entweder von vorneherein klar,
oder die Gefühle zeigen es im Ergebnis: Erweiterte, gewachsene (und im positiven Sinne »erwachsene«) Gefühle lassen das »ganz Andere« beim und im anderen
Menschen nicht verschwinden, sondern heben es nur
auf eine neue Stufe, auf der man eben weitgehende Gemeinsamkeiten und weitgehende Unterschiede mit dem
anderen Menschen teilt. Auch in seelischen und Ge-
fühlsfragen gilt der Satz: Je deutlicher die Unterschiede,
desto fruchtbarer die Gemeinsamkeiten.

Seelische Fassung finden

Soviel einstweilen darüber, warum die harte Schale zum
Krebs, zum Element Wasser und zum Gefühlsleben da-
zugehört. In der Tarot-Symbolik entspricht dieser
Schale das Symbol des Kelches. Darin wird das an sich
unfaßbare Wasser greifbar. Mit dem »Kelch« ist dabei
schließlich der Mensch gemeint, der in seiner Ganzheit

wie ein Gefäß am großen »Wasserkreislauf« – am Meer der Seelen und am Strom der Zeit – teilhat.

Die harte Schale, welche das weiche, das fließende Wasser empfängt und einfängt, ist eine *traditionelle* Vorstellung im Zusammenhang mit der Krebssymbolik. Der Mond, der im Zeichen Krebs herrschende astrologische »Planet«, wird seit alters im Symbol einer Sichel oder einer sichelförmigen Schale dargestellt. Der berühmte Gral, den sie eifrig suchten, schwebte den Rittern der Minnezeit als Schale oder als Kelch vor Augen; dieser Gral – zentraler Bezugspunkt der mittelalterlichen Mythenwelt – ist aus heutiger Sicht mit dem Kelch in dem Tarot, mit dem Panzer des Krebses in der Astrologie gleichzusetzen.

In nüchternen Worten ausgedrückt, ist mit dem Kelch, der Schale und dem Krebsgehäuse das Fassungsvermögen der Seele gemeint. Auf der einen Seite müssen überholte Begrenzungen überwunden werden. Das alte Fassungsvermögen der Seele wird an einem bestimmten Punkte der Entwicklung zu klein, wie dem Krebstier die schützende Schale irgendwann zu eng wird. Wir geben, wenn wir zu größeren Gefühlen fähig sind, die alte Fassung auf. Es entsteht eine gewisse Übergangsphase, in der wir »aus der Fassung« sind, solange bis wir ein neues, erweitertes seelisches Fassungsvermögen erworben haben. Obwohl nun diese Übergangsphase wirklich einen vorübergehenden Abschnitt darstellt, der sich, wie beim Krebs als Tier in der Natur, nur von Zeit zu Zeit zu wiederholen braucht, muß man feststellen, daß dieser Prozeß aus Häutung und Neufassung des Seelenlebens bis heute ein gewisses Tabu darstellt.

Dieses Tabu wirkt sich entweder so aus, daß man in altbekannter Form Gefühle – und zwar in ihrer individuellen, persönlichen Form; Gefühle, die ihr Eigenleben beanspruchen – als Störfaktor betrachtet, welche man zu umgehen und zu vermeiden sucht. Oder, wie es sich für ein Tabu gehört, der Inhalt des Tabus, hier die Gefühle und die Autonomie des Seelenlebens, wird wahlweise verteufelt oder heiliggesprochen. Gegenwärtig hat sich in Teilen der psychologischen Selbsterfahrungsbewegung und der spirituellen Landschaft die Auffassung breitgemacht, wenn man seinem Gefühl nur folge, sei man schon auf dem richtigen Wege: »Vertrauen Sie der Kraft des Unbewußten«, »Die Seele weiß schon, was für Sie richtig ist«, »Ihre innere Stimme weist Ihnen den Weg«. Diese und ähnliche Slogans sind jedoch zu einseitig. Sie sind nicht besser als die umgekehrten Parolen – wie »Träume sind Schäume« oder »Gefühl ist Schwäche« –, welche allein Skepsis dem Seelenleben gegenüber äußern.

Der Weg des Wassers

Der wahre Kern an den euphorischen, übertrieben positiven Erwartungen an das Gefühlsleben liegt zum ersten darin, daß die »innere Stimme« der Gefühle eine große Bereicherung bedeutet, wenn sie als Ergänzung zum »trockenen« Verstand hinzutritt. Zum zweiten besitzt das Seelenleben eine Tendenz, sich auszudehnen (im Fachjargon: Jupiter und Neptun sind im Krebs erhöht, d. h. besonders mächtig; vgl. auch Anmerkung S. 147 f.). Mitgefühl und Einfühlungsvermögen erschließen neue Lebensbereiche, von welchen man zuvor buchstäblich keine Ahnung besaß. Das Element Wasser in seiner symbolischen Bedeutung als Seelenleben verhält sich insofern wie das Wasser in der Natur: Es strömt von Berg zu Tal, von der Quelle zur Mündung und vom kleinen Bach zum großen Strom. Nun wird das Tierkreiszeichen Krebs als *Quelle* beschrieben, während entsprechend der »Skorpion« mit dem *Fluß* und die »Fische« mit der *Mündung* verglichen werden. Allerdings gibt diese Abfolge nur die erste Hälfte des Wasserkreislaufes an. Aus den Meeren (Fische) bilden sich bekanntlich wieder Wolken (dem Skorpion zugeordnet), und diese regnen sich in vielen *einzelnen Tropfen* ab. Der einzelne Tropfen, das kleine und einzelne Gewässer, wie Bäche, Seen und Teiche, werden im allgemeinen wiederum dem Tierkreiszeichen Krebs zugerechnet.

Die überaus positiven Erwartungen an das Seelenleben, an die »Macht des Unbewußten« und die Kraft der »inneren Stimme« (sowie der Intuition, obwohl diese einen anderen Bereich betrifft) sind verständlich und berechtigt aus der Perspektive des Einzelnen, der seine Begrenzungen aufgeben und sich für »mehr und anderes«, für neue Erlebniswelten öffnen möchte. Wichtig ist dabei jedoch zu fühlen und zu wissen, daß die »Entgrenzung«, die fortschreitende Selbst-Erfahrung irgendwann auch wieder zum »vorläufigen Ausgangspunkt«, wie Barbara Frischmuth das nannte, zurückkehren muß: Von der Quelle zur Mündung *und* vom großen Meer wieder zum eigenen Kelch.

Diese doppelte Aufgabe stellt sich dem Tierkreiszeichen Krebs. Und diese doppelte, eigentlich kreisförmige Ausrichtung des Lebens bringt dieses Tierkreiszeichen für uns alle auf den Begriff: Der Schalenpanzer als Sinnbild wie auch das astrologische Krebs-Zeichen (s. auf dem Buchrücken) stellen einen vollendeten Kreislauf dar. Der Kreislauf soll abgeschlossen sein (im Sinne der

Vollständigkeit, nicht der hermetischen Verschlossenheit): *In dieser Vollständigkeit der seelischen Erfahrung bildet sich die Seele eines Menschen zur vollen Reife und Schönheit aus, wie die Perle in einer Auster.*

Innerhalb des Elements Wasser führt der Weg vom Tierkreiszeichen Krebs (»Ich fühle«) zum Skorpion (»Ich begehre«), weiter bis zu den Fischen (»Ich glaube«) und von da – in einer neuen Runde des Tierkreises – wieder zum Zeichen Krebs, zum eigenen Kelch, der nun sein »Wasser« aus den großen Ozeanen schöpft und gleichwohl eigene Gefühle, seine Seelenkräfte in faßbarer Form in sich birgt.

Derselbe Weg des Wassers läßt sich noch aus einem anderen Zusammenhang heraus begreifen: Die Tage der Sommersonnenwende sind die Zeit der Johannisfeuer und der Wassertaufen. Der 24.6. ist der Johannistag, der Namenstag von Johannes dem Täufer. Als Freudenfeuer und zur Vertreibung böser Geister wurde das Johannisfeuer in Vergangenheit veranstaltet – ein Brauch, welcher derzeit vielerorts wieder belebt wird. Damit waren und sind verschiedene Wasserrituale der Reinigung, der Einweihung und der Lossprechung verbunden. Am bekanntesten: Das Gautschen, eine Wassertaufe, mit welcher die Buchdrucker/innen (die »Jünger der Schwarzen Kunst«) die Gesellinnen und Gesellen in ihren Kreis aufnehmen. Die Sommersonnenwende ist symbolisch die Zeit der Taufe, der Aufhebung des »Karma«. Der Weg »zurück zur Quelle« führt, wie der Lauf des Wassers, *vorwärts* ins große Wasser – um von dort aus wieder neu zur Quelle zu werden!

Drei »Härtegrade« des Wassers

Innerhalb des Wassers wie eines jeden Elements unterscheidet die Astrologie drei Ausprägungen:

- *Ein beginnendes oder kardinales Zeichen*
  Bei diesem geht es um die Beweggründe und die ursächlichen Widersprüche des betreffenden Elements. Hier werden Grundsätze und Leitmotive ausgebildet. –
  Für das Element Wasser ist dies das Zeichen Krebs.

- *Ein mittleres oder festes, festigendes Zeichen*
  Das sogenannte »fixe« Zeichen betrifft die Mitte, die Verbindungslinien, die Zusammenhänge des betreffenden Elements. Hier werden Muster und Komplexe ausgebildet. –
  Dieses Zeichen ist im Bereich des Wassers der Skorpion.

- *Ein schließendes, veränderliches und schlußfolgerndes Zeichen*
  Hierbei geht es um die Konsequenzen, die Extreme und die Zuspitzungen des betreffenden Elements. Stärken und Schwächen des Elements sind deutlich zu unterscheiden, gehen jedoch auch am ehesten einen vorschnellen Kompromiß ein. Hier werden Horizonte und Glaubenssätze ausgebildet. –
  Die Fische sind das variable Wasserzeichen.

Die Taufe wurde in früheren Zeiten nicht an Kindern, sondern von Erwachsenen vollzogen, die zu diesem Zwecke in
ein Gewässer oder ein Taufbecken stiegen, in das sie mehr-
mals vollständig eintauchten. Dieser christliche Taufritus ist
in ähnlichen Formen aus vielen Religionen und Einweihungs-
schulen bekannt. Er bedeutet vordergründig eine Reinigung.
Im tieferen Sinne vermittelt jede Taufe oder Wassereinwei-
hung eine Erfahrung von Tod und Auferstehung. Durch den
Wiedereintritt in die Wasserwelt erlebt das gewohnte, bisherige »Ich« eine Auflösung; es erfährt auf einer sehr ur-
sprünglichen Stufe seine Verbundenheit mit und seine Ähn-
lichkeit zu allen Lebewesen. Damit werden die Grenzen eines
jeden individuellen Lebens spürbar, was auch die Gewißheit
des Sterbens zu einer erlebten Realität der eigenen Person
macht. Die Freude und der Segen an diesen Erfahrungen liegen nun im Wiederauftauchen: In einer Neugeburt, welche
nunmehr ein Bild des eigenen »Ich« besitzt, worin eine allzu
starre Fixierung auf das Ego aufgegeben und ein fließender
Begriff einer erweiterten Individualität gewonnen ist.

Die bloße »Wachstums«-Ideologie zahlreicher moder-
ner Psychologien, Glaubensrichtungen und Lebensbe-
ratungen führt zu ausufernden Gefühlen; sie glorifiziert
ein permanentes Abstreifen der schützenden Krebs-
Schale. Das führt nicht nur zu unnötigen Verletzungen
und Empfindlichkeiten, mehr noch: Da die schützende
Schale dem eigenen »Kelch« entspricht, fördert die ein-
seitige Lobpreisung von Selbstüberwindung und »per-
sonal growth« und »spiritual growth« (von persön-
lichem und spirituellem Wachstum) eine Fassungs- und
Haltlosigkeit; sie führt also auf dem anderen Pol zu
einem Abbau statt zu einem Aufbau einer reifen Persönlichkeit.

Die »trockene« Haltung aber, welche sich an die Ge-
fühlsebene nicht richtig herantrauen mag, bleibt auf
das angestammte, eingeborene enge Auffassungsver-

mögen in seelischen Fragen beschränkt. Wie das Wasser in der Natur, so ist die menschliche Seele alles andere als schwach. Die Argumente vom Kaliber »Gefühl ist Schwäche«, »Träume sind Schäume« usw. entlarven sich ein Stück weit selbst durch die anstrengenden Abwehrmaßnahmen gegen die angeblich kraftlosen Impulse der Seele. – Weder Selbst-Erfahrung noch Selbst-Verwirklichung sind der »wasserscheuen« Einstellung wirklich möglich. Der wahre Kern dieser begrenzten Haltung gegenüber den Gefühlswelten ist allerdings der, daß eine bloße seelische Öffnung nicht ausreicht; daß man den alten Panzer nur abstreifen sollte, um schließlich eine geeignete neue »Schale« auszubilden.

Notwendige Selbst-Entdeckung

Der Mond – wie erwähnt, »der Regent« im Zeichen des Krebses – bringt, ähnlich den Symbolen von Kelch und Schale, eine interessante Mittlerrolle zum Ausdruck. Seine Bewegung um die Erde zeigt die Anziehungskraft der Erde wie auch die Fliehkraft von der Erde weg. Sein Licht ist nur ein Reflex der Sonne, und dennoch – in der Wirkung auf das Erdenleben – ein besonderes Licht, das weit mehr als die Sterne die Nacht erhellt. Vielfältige Wachstumsprozesse auf der Erde bekommen durch die Kraft, das Eigengewicht des Mondes ganz eigene, rhythmische und unrhythmische Wellenverläufe. – So wird auch der Mensch, wenn er die Macht des Mondes bewußt in sein Leben aufnimmt, zum Mittler zwischen den Welten. Er erhebt sich von der platten Erdhaftung, wodurch ihm seine Beziehung zur Erde (und zu seiner menschlichen *Natur*) nicht weniger, sondern deutlicher

spürbar wird. Er erfährt sich selbst als Abglanz der
»Sonne« und bemerkt, daß jeder Mensch ein besonderes Licht darstellt, welches Helligkeit, Einsicht und
Glanz in die »Nacht«, in seelisches Neuland trägt. Er
fühlt schließlich, daß er selbst Entwicklungsprozessen
unterliegt, die ihre Eigendynamik besitzen und sich in
Wellenverläufen entfalten; er spürt, daß es ihm guttut,
seinen inneren Bedürfnissen und Stimmungen einen
Freiraum, ein Betätigungsfeld zu schaffen, in dessen
Rahmen er sich mit seinen Gefühlen freilich auseinandersetzen kann und auseinandersetzen muß. –

Wie stolz waren alle und jede/r, als vor rund 25 Jahren der erste Mensch den Mond betrat. Der Mond ist
kein Fremder mehr! Er gehört zu uns und ist keine Kin-
derzimmer-Fantasiereise mehr wie weiland »Peter-
chens Mondfahrt«. Ob der technische und finanzielle
Aufwand der Mond-Raketen nicht für andere Zwecke
besser genutzt werden konnte und in Zukunft könnte,
mag sicherlich zu fragen sein. Auf der symbolischen
Ebene jedoch ist es wesentlich und bedeutend, daß die
Menschheit den Mond berühren kann: Sie kann, der
Möglichkeit nach ganz praktisch, in sinnvollen, ver-
nünftigen Kontakt mit sich selbst, mit ihren zuvor uner-
reichlichen (unbewußten) seelischen Kräften treten.

Der Mond ist ein sichtbares Zeichen für unsichtbare
Erdkräfte (wie den »Magnetismus«, die Anziehungs-
und die Abstoßungskräfte der Erde). Er ist ein beob-
achtbarer Spiegel für das Sonnenlicht, das in direkter
Betrachtung absolut blendend wirkt. Der Mittlerfunk-
tion des Mondes zwischen »oben« und »unten« entspricht innerhalb des menschlichen Verhaltens alles,
was Verbindungen zwischen Bewußtem und Unbewuß-
tem schafft. Träume, Stimmungen, Ahnungen, alle ge-

speicherten Eindrücke und die kreativen Ausdrucksformen sowie vor allem die konkreten Bedürfnisse *und die konkreten Utopien* sind »Mond«-Sache.

Jedem Tierkreiszeichen werden von der Astrologie traditionell bestimmte Körperfunktionen zugeordnet. Beim Tierkreiszeichen Krebs sind dies v. a. alle körperlichen Ereignisse während einer Schwangerschaft (jeweils aus der Sicht mütterlicher und kindlicher Betroffenheit); weiterhin die Brust, der Magen und das Lymphsystem.

Der eigene Nabel ist – selbstverloren, selbstbeschränkt oder aber selbstbewußt – der Dreh- und Angelpunkt für das Tierkreiszeichen Krebs und seine Charakteristik in uns allen.

Von Liebe und Wagnis

Der Krebs in den Bildern des Tarot

Von der Astrologie wechseln wir in eine andere Symbollandschaft, das Tarot. Tarot-Karten besitzen eine lange Geschichte. Doch noch nie haben sich so viele Menschen wie heute die Tarot-Karten gelegt. Und noch nie geschah dies in der heute üblichen Form, daß man selbständig die Karten bewegt und eine bedeutungsvolle und dennoch relativ offene oder assoziative Interpretation der Bilder und Symbole vornimmt, die am ehesten mit der *Traumdeutung* zu vergleichen ist.

Wahrsagerei und klassische Esoterik spielen in den gegenwärtigen Tarot-Gebrauch hinein. Aber es ist etwas Neues, etwas Besonderes, was sich unter dem Namen »Tarot« verbreitet hat und das im deutschsprachigen Raum derzeit Millionen von Menschen zu den Karten greifen läßt. Die wesentlichen Quellen für die aktuelle Popularität des Tarot waren – neben kleineren spirituellen und esoterischen Gruppen – in den 1960er Jahren die Hippie-Bewegung und in den 1970er Jahren die Frauenbewegung. Heute läßt sich das Interesse am Tarot keineswegs mehr einer bestimmten Szene zuordnen; es ist zu einem Teil der Alltagskultur geworden. Manche Beobachter/innen stehen relativ fassungslos vor diesem Phänomen, sortieren es entweder unter die Rubrik »neuer Aberglauben« oder in die Schublade »Esoterik-Welle« ein. Doch dies wird der vorherrschenden Tarot-Praxis nicht gerecht.

Bevor wir nun ab Seite 55 in die Symbolik derjenigen Tarot-Karten einsteigen, welche speziell dem Tierkreiszeichen Krebs zugeordnet werden, soll zunächst beschrieben werden, was Tarot ist und wie es funktioniert. Trotz der enormen Popularität dieser Symbolkarten ist natürlich nicht jede(r) mit ihnen selber in Berührung gekommen; so können die folgenden Seiten als eine erste Einführung dienen. Für diejenigen jedoch, welche die Tarot-Karten kennen, sind die folgenden Erfahrungswerte aus einem bestimmten Grunde von besonderem Interesse, der mit der Charakteristik des Krebses zusammenhängt.

Tarot und Selbsterfahrung

Es hat sich in den letzten Jahren eingebürgert, die Tarot-Karten als »*Spiegel*« und insofern als Medium der *Selbsterfahrung* aufzufassen. Das aber ist nicht selbstverständlich. Zur Blütezeit der klassisch-esoterischen Tarot-Interpretation, also vor rund 100 Jahren, wäre kaum jemand auf diese Idee gekommen. Damals galten die Symbolkarten nicht als Spiegel, sondern selber als etwas Eigenes, welches dem einzelnen Ich gegenüberstand; Gottheiten, Prinzipien oder Wesenheiten wurden in den Karten erblickt. Diese alte Auffassung trifft insofern zu, als die Tarot-Karten auf der einen Seite keine Selbsterfahrung anbieten, sondern vielmehr die Weltanschauung sowie die Selbstdarstellung anderer Menschen (der Produzenten, Hersteller, Verkäufer dieser Karten) zum Ausdruck bringen.

Wenn nun die derzeitige Tarot-Auffassung dazu übergegangen ist, dieses Gegenüberstehende, dieses

Andere als Spiegel der Selbsterfahrung zu betrachten, so liegt darin (bewußt oder unbewußt) ein Schritt von großer Tragweite: Die Kluft, die strikte Trennung zwischen Ich und Gegenüber, zwischen dem Selbst und dem Anderen (zwischen Subjekt und Objekt) wird aufgehoben! Selbsterfahrung wird nicht mehr als etwas verstanden, was man nur mit sich selber, im Alleingang ausmachen kann. Selbsterfahrung muß zum Anderen führen, das Andere (das dem Selbst Fremde) miteinschließen. Wenn dies gelingt verlieren die Tarot-Karten auf der anderen Seite ihre formelhafte »Objektivität«, die sie in esoterischer Vergangenheit und heute noch in der Wahrsagerei besitzen.

Vielleicht ist dies das wichtigste Kennzeichen der neuen Tarot-Praxis: Die scheinbare Eindeutigkeit von wahrsagerischen oder lehrbuchmäßigen Interpretationen hat sich als ein Aberglauben erwiesen, der vor allem dem/der Einzelnen gegenüber nicht eindeutig, sondern zu beliebig, zu unpersönlich blieb. Früher sah es so aus, als sei es die wichtigste Frage, welche Karte man *zieht*. Heute ist jedoch die Frage ebenso wichtig geworden, wie man die gezogene Karte *sieht*.

Zur Vorstellung des Tarot

Tarot, das ist ein Päckchen mit jeweils 78 Bild- und Symbolkarten. Die ersten Tarot-Karten stammen aus der Renaissance-Zeit. Sie entstanden um 1430–1460 in Oberitalien und etwas später in Südfrankreich. Die Bilder und Symbole, also der Inhalt der Karten, sind wesentlich älter. Mittelalterliche, antike (z. B. klassisch-griechische) und frühgeschichtliche (z. B. babylonische) Motive finden sich im Tarot vereint. Eine inhaltliche oder weltanschauliche Interpretation der Tarot-Karten beginnt jedoch im wesentlichen erst mit dem 19. Jahrhundert. 1781 erscheint in Paris das erste »Deutungsbuch« zur Tarot-Symbolik (von A. Court de Gebelin).

Innerhalb der Symbolik des Tarot unterscheiden sich vor allem zwei Gruppen von Karten: Große und kleine Arkana (»Geheimnisse«). Wir begegnen großen Stationen des Lebens – wie »Liebe, Tod und Teufel«, dem »Gericht« sowie dem »Narren«, dem »Eremiten«, dem »Magier« und vielem mehr. Daneben zahlreichen kleinen Stationen des Alltags, die in Gestalt der Symbolreihen der Stäbe, Kelche, Schwerter und Münzen (oder Scheiben) auftreten, welche einerseits den vier Farbreihen der bekannten Kartenspiele und andererseits den vier Elementen entsprechen.

Im Gebrauch des Tarot herrschen verschiedene Anwendungsbereiche vor. Bildmeditationen und Assoziationsexperimente (zu psychologisch-therapeutischen Zwecken) gehören ebenso dazu wie die illustrative Nutzung des Tarot in Romanen, Erzählungen, in Kunst und Gebrauchsgrafik. Eine sinnbildliche Funktion besitzt das Tarot, wenn etwa jedem Tierkreiszeichen oder einem Geburtsdatum nach einem bestimmten Verfahren gewisse Tarot-Karten zugeordnet werden.

Geheimnisvolle Bilder

Im Mittelpunkt des großen aktuellen Interesses steht jedoch das eigentliche Kartenlegen. Dabei wird auf eine selbstgewählte Frage hin »blind« eine Anzahl von Kar-

ten gezogen und nach einem der vielen Legemuster aus-
gelegt. Die ausliegenden Bilder zusammen beantworten
die gestellte Frage. Dabei sind sowohl die Bedeutungsgeschichte, also die in Büchern nachzulesenden Karten-
erklärungen, wie auch die ganze spontane und persönliche Sichtweise der Karten im gegebenen Augenblick
am Zustandekommen der gesuchten Antwort beteiligt.

Das Faszinierende ist, daß das Tarot-Kartenlegen
funktioniert, daß es zu Antworten und Einsichten
führt, welche genauso zu bedenken und zu prüfen sind,
wie alle sonstigen persönlichen Erkenntnisse auch – nur
daß sich hier oftmals eine völlig überraschende, unbekannte oder unerklärliche Logik offenbart, die so
fremd und doch so vertraut erscheint, wie es auch bei
Träumen oft der Fall ist. Nicht selten gewinnt man sogar den Eindruck, als würde diese Logik, die scheinbar
aus den Karten spricht, eine/n besser kennen als man
selbst.

Diese häufig so verblüffende Wirkungsweise des Tarot-Kartenlegens muß man selbst ausprobiert haben.
Sie ist auf der einen Seite völlig real; man hat buchstäblich die Karten selbst in der Hand. Zugleich ist es eben
oftmals auf eine wunderbare und zauberhafte Weise
den vertrauten Begriffen enthoben, was man dabei erlebt.

In das Tarot-Kartenlegen ist deshalb viel hineinge-
heimnist worden. Diverse anonyme Wesenheiten oder
»kosmische Mächte« wurden bemüht, um das Abenteuer des Tarot einerseits rasch wieder in griffige Kate-
gorien und andererseits ins Unerfindliche zu drängen.
Besser ist es, den Widerspruch zwischen gewohnter
Realität und der »Anderswelt« der Tarot-Erfahrung
zunächst einmal bestehen zu lassen, ihn auch als einen

(inner-)persönlichen Widerspruch zu begreifen und sich sodann aus der eigenen Erfahrung heraus einem persönlichen Verständnis des Tarot-Kartenlegens anzunähern.

An dieser Stelle sollen drei Faktoren hervorgehoben werden, die zu diesem Verständnis beitragen können.

1. Der schöpferische Zufall

Den »Zufall« in seiner Rolle als schöpferischen Faktor oder einfach als bedeutungsvollen Teil der Lebenswirklichkeit anzusehen und sich deshalb mit ihm auseinanderzusetzen, dies hat das Tarot-Kartenlegen nicht erfunden; es betreibt die Arbeit mit dem Zufall in spielerischem Ernst nur mit Methode und Absicht. Als Orakel verstanden, leben im Tarot-Kartenlegen uralte Traditionen wieder auf und weiter. Gleichzeitig ist es eine Spezialität der Kunst und der Wissenschaften des 20. Jahrhunderts, daß sie auf eine neue Art die Rolle des Zufalls in ihr Kalkül oder in ihre Produktion miteinschließen. Auch hier gilt: Was lange Zeit Thema für wenige war, wird nunmehr zum Erfahrungsgut für viele. Tarot trägt dazu bei, den schöpferischen Umgang mit dem Zufall zu popularisieren.

Den *Augenblick* in seiner Bedeutung zu verstehen, heißt, anstelle der früheren Pauschalurteile (entweder »Alles ist Zufall« oder »Es gibt keinen Zufall«) zu einer beweglicheren und adäquateren Auffassung überzugehen, die da lautet: »*Ich sehe einen Zusammenhang*«.

2. Bewußtes Erbe

Im Tarot begegnen uns – wie in anderen Symbolsprachen auch – traditionelle Leitbilder. Eine Fülle von Charakteren, von typischen Situationen und Stationen des Lebens, von Begriffen und Bewertungen künden von einer generationenlangen Welt- und Selbsterfahrung, die sich in bestimmten Bildern und Symbolen verdichtet hat. Wenn man an seelischer Orientierung, an Selbstverwirklichung sowie an kreativer Bildung interessiert ist, ist die Begegnung mit dem kulturellen Erbe lohnend und letztlich unverzichtbar. Je mehr man nach individuellen Ausdrucksformen, nach einem persönlichen Lebensweg sucht, umso mehr braucht man gewisse festgesetzte Erfahrungswerte, welcher außerhalb der eigenen Person bestehen und an welchen man sich spiegeln und erfahren kann.

Dieser Aspekt der Selbstbegegnung stand eindeutig im Vordergrund, als in den frühen 1980er Jahren der beispiellose Tarot-Boom seinen Anfang nahm. Heute ist der Selbsterfahrungsansatz für manche Einsteiger/innen weitaus weniger selbstverständlich, als dies für die Tarot-Spieler/innen vor 10–15 Jahren der Fall war. Allerdings war oder ist auch vielen »alten Hasen« wenig bewußt, daß die Tarot-Karten gerade deshalb funktionieren, weil sie das Eigene *im Spiegel des Anderen* zeigen. Die folgenden Ausführungen von Elias Canetti über die heilsame Wirkung von Bildern treffen hier ganz auf die Bild- und Symbolwelten des Tarot zu:

»Denn ein Weg zur Wirklichkeit geht über Bilder. Ich glaube nicht, daß es einen besseren Weg gibt. Man hält sich an das, was sich nicht verändert, und schöpft damit das immer Veränderliche aus. Bilder sind Netze, was auf ihnen erscheint, ist der haltbare Fang. Manches entschlüpft und manches verfault, doch man versucht es wieder, man trägt die Netze mit sich herum, wirft sie aus und sie stärken sich an ihren Fängen. Es ist aber wichtig, daß diese Bilder auch außerhalb vom Menschen bestehen, in ihm sind selbst sie der Veränderlichkeit unterworfen. Es muß einen Ort geben, wo er sie unberührt finden kann, nicht er allein, einen Ort, wo jeder, der unsicher wird, sie findet. Wenn er das Abschüssige seiner Erfahrung fühlt, wendet er sich an ein Bild. Da hält die Erfahrung still, da sieht er ihr ins Gesicht. Da beruhigt er sich an der Kenntnis der Wirklichkeit, die seine eigene ist, obwohl sie ihm hier vorgebildet wurde. Scheinbar wäre sie auch ohne ihn da, doch dieser Anschein trügt, das Bild braucht seine Erfahrung, um zu erwachen. So erklärt es sich, daß Bilder während Generationen schlummern, weil keiner sie mit der Erfahrung ansehen kann, die sie weckt« (Elias Canetti, aus: »Die Fackel im Ohr«, München 1980, S. 130).

3. Die eigene Sichtweise erkennen

Erst im Laufe dieses Jahrhunderts hat sich die *bildhafte* Betrachtung der Tarot-Karten durchgesetzt. 1910 wurde das erste Tarot-Spiel – das Rider-Waite-Tarot – veröffentlicht, das nicht nur die 22 »großen« oder Trumpfkarten, sondern durchgängig alle 78 Tarot-Karten mit symbolischen Bildern ausstattete. Für die neue Tarot-Begeisterung in den letzten Jahren und Jahrzehnten war die bildhafte Wahrnehmung der Karten bereits eine Selbstverständlichkeit.

Insofern wir *Bildern* begegnen, unterscheidet sich das Tarot wesentlich von Wahrsagerei und schulmäßiger Esoterik, welche jeweils mit engumrissenen, festgelegten Bedeutungen pro Karte arbeiten. Ein Bild läßt sich nicht einfach durch Definitionen ausschöpfen; die Begegnung mit einem Bild ist jeweils auch eine subjektive, persönliche und situationsbezogene Angelegenheit. Dieses mehr oder weniger *unmittelbare Erlebnis* der eigenen Anschauungen und Betroffenheiten — jenseits und im Vorfeld festgelegter Begriffe und Bewertungen — hat unzählige Menschen am Tarot fasziniert und beflügelt sie auch weiterhin.

Kunst des Schauens

Der Spannungsmoment beim praktischen Kartenlegen läßt sich, wie der Verfasser an anderer Stelle ausgeführt hat, »wie ein Abtauchen in tiefere Schichten der Person verstehen. So wie man sich manchmal ins Bett legt und deutlich empfindet, daß man sich mit dem Schlaf einem anderen Raum überläßt, von dem man nicht weiß, was in ihm geschehen wird. Oder die Parallele zu der Situation, wenn man in einem nicht völlig dunklen Zimmer aus dem Schlaf erwacht und sofort die Augen öffnet. Man sieht etwas, aber (er)kennt es nicht, obwohl es vielleicht sogar das eigene Zimmer ist. Es dauert eine Weile (die lang erscheint, obwohl es oft nur Sekundenbruchteile sind), bis man bestimmte Dinge als solche erfaßt, und dann noch einmal eine Weile, bis man die wahrgenommenen Dinge wieder in bekannten Formen und Bedeutungen sieht. Der Augen-blick wirkt in solchen Situationen gedehnt, wie in Zeitlupe, und zugleich wirkt er verdichtet, weil in winzigen Zeitabschnitten buchstäblich ungeheuer viel durchlebt wird.« Das selbständige Tarot-Kartenlegen gleicht damit, bezogen auf den Alltag, einem Wahrnehmungstraining; es spielt immer wieder elementare Voraussetzungen der persönlichen Welt-anschauung durch: »Was fällt Dir an dem auf, was vor Dir liegt?

Was siehst Du eigentlich das, was Du siehst, und wie kommst Du darauf? Was bedeutet es Dir? Wofür ist es ein Zeichen? Was sagt Dir das und was willst Du damit tun?«

Somit zeichnet sich an der neuen Tarot-Welle ein Bedürfnis ab, mit »neuen Augen« zu sehen. Wie es der Filmemacher Wim Wenders einmal benannte: »Wenn man doch nur so filmen könnte, wie man manchmal die Augen aufmacht: Nur schauen, ohne irgendetwas beweisen zu wollen.«

In der Astrologie verläuft die sogenannte Schicksalslinie (Quincunx) vom Tierkreiszeichen Krebs (Definition »Ich fühle«) zum Tierkreiszeichen Schütze (»Ich sehe«). Die eigene Sichtweise und das persönliche Weltbild sind in einer schicksalsträchtigen Weise von den Gefühlen geprägt. Und umgekehrt werden die seelischen Stimmungen und Einstellungen ebenso von den Sehgewohnheiten und den vorhandenen Perspektiven eines Menschen beeinflußt. »Neue Augen« und »lebendige Gefühle« sind einander ergänzende Bedingungen eines »Sinn für das Eigene«.

Der Schwerpunkt liegt in diesem Kapitel nun auf überlieferten Bedeutungen und aktuellen Bewertungen der speziellen Krebs-Karten des Tarot. Diese geben weiteren Aufschluß über den Symbolgehalt dieses Tierkreiszeichens. (Und für das praktische Kartenlegen werden durch die Klärung der Bedeutungsgeschichte der einzelnen Karten die *Voraussetzungen*, d. h. jener Spiegel geschaffen, in welchem man sich selbst gegenübertreten kann.)

Tarot und Tierkreiszeichen

Widder: IV-Der Herrscher, XVI-Der Turm, Königin der Stäbe, Stab 2, Stab 3, Stab 4

Stier: V-Der Hierophant, III-Die Herrscherin, König der Münzen (Prinz der Scheiben), Münzen (Scheiben) 5, 6 und 7

Zwillinge: VI-Die Liebenden, I-Der Magier, Ritter der Schwerter, Schwert 8, Schwert 9, Schwert 10

Krebs: *VII-Der Wagen, II-Die Hohepriesterin, Königin der Kelche, Kelch 2, Kelch 3, Kelch 4*

Löwe: VIII-Kraft (= XI-Kraft/Lust), XIX-Die Sonne, König (Prinz) der Stäbe, Stab 5, Stab 6, Stab 7

Jungfrau: IX-Der Eremit, I-Der Magier, Ritter der Münzen (Scheiben), Münzen (Scheiben) 8, 9 und 10

Waage: XI-Gerechtigkeit (= VIII-Gerechtigkeit/Ausgleichung), III-Die Herrscherin, Königin der Schwerter, Schwert 2, Schwert 3, Schwert 4

Skorpion: XIII-Tod, XX-Gericht (= XX-Äon), König (Prinz) der Kelche, Kelch 5, Kelch 6, Kelch 7

Schütze: XIV-Mäßigkeit, X-Rad des Schicksals, Ritter der Stäbe, Stab 8, Stab 9, Stab 10

Steinbock: XV-Der Teufel, XXI-Die Welt/Das Universum, Königin der Münzen (Scheiben), Münzen (Scheiben) 2, 3 und 4

Wassermann: XVII-Der Stern, 0-Der Narr, König (Prinz) der Schwerter, Schwert 5, Schwert 6, Schwert 7

Fische: XVIII-Der Mond, XII-Der Gehängte, Ritter der Kelche, Kelch 8, Kelch 9, Kelch 10

Tarot-Karten
für das Tierkreiszeichen Krebs

Nach einem heute weit verbreiteten Verfahren, welches vor rund 100 Jahren der Golden-Dawn-Orden, eine englische Rosenkreuzer-Vereinigung, entwickelte, werden jeder Tarot-Karte bestimmte astrologische Konstellationen zugeordnet (vgl. a. S. 148 f.). Zu jedem Tierkreiszeichen gehören danach sechs Karten, die zusammen ein Bild für das betreffende Zeichen ergeben.

Für den Krebs sind dies die Karten:

- VII-Der Wagen
- II-Die Hohepriesterin
- Königin der Kelche
- Kelch 2
- Kelch 3
- Kelch 4

Sie sehen diese Kartenbilder in der Darstellung des Rider-Waite-Tarot (Seite 56 f.), des Crowley-Tarot (S. 58 f.) und des Ancien Tarot de Marseille (S. 60 f.). Weltweit gibt es derzeit über 300 verschiedene Sorten Tarot-Karten. Davon sind diese drei Spiele mit Abstand die bekanntesten. Die Art der Darstellung unterscheidet sich von einem Tarot-Spiel zum anderen bisweilen erheblich. Gemeinsam haben die verschiedenartigen Bildgestaltungen jeweils einen oder mehrere thematische Bezugspunkte. Sie verkörpern auf unterschiedliche Weise eine selbe Situation. Nur der Zugang erfolgt von verschiedenen Richtungen aus. – Wenn Ihnen Tarot-Karten zur Verfügung stehen, benutzen Sie diese bei den folgenden Bildbetrachtungen.

Rider-Tarot

Das Rider-Tarot wurde von Pamela Colman Smith und Arthur E. Waite entwickelt und erschien 1910 im Londoner Verlag Rider.
Abbildungen:
VII-Der Wagen und II-Die Hohepriesterin

KÖNIGIN der KELCHE

Abbildungen: Königin der Kelche – Kelch 2 – Kelch 3 – Kelch 4

Crowley-Tarot

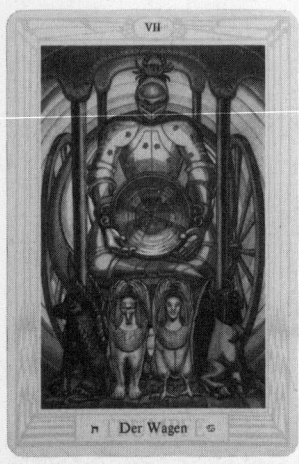 

Lady Frieda Harris und Aleister Crowley stellten dieses Tarot 1943 fertig. Auf gedruckten Karten erschien es zuerst 1969 in den USA.
Abbildungen:
VII-Der Wagen und II-Die Hohepriesterin

Königin der Kelche

Liebe

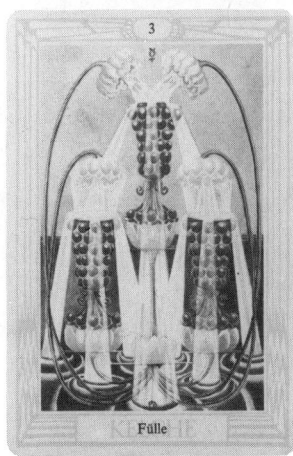
Fülle

Üppigkeit

Abbildungen: Königin der Kelche – Kelch 2 – Kelch 3 – Kelch 4

Marseiller Tarot

Die hier abgebildete Ausgabe des »Ancien Tarot de Marseille« wurde, auf der Basis älterer Vorlagen, 1930 in Paris veröffentlicht.
Abbildungen: VII-Der Wagen und
II-Die Hohepriesterin (»Die Päpstin«)

Abbildungen: Königin der Kelche – Kelch 2 – Kelch 3 – Kelch 4

Wagnis Selbsterfahrung

 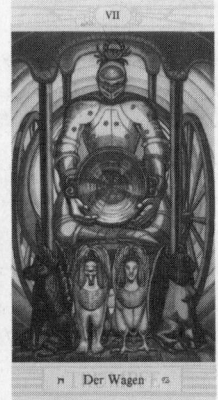 

Abbildungen: Karte VII-Der Wagen
Rider-, Crowley- und Marseiller Tarot (v.l.n.r.)

Wie sehen Sie den Wagen? Fährt er oder steht er still? Beide Betrachtungsweisen sind möglich und werden in der Tarot-Literatur vertreten. Allerdings erklären die meisten Tarot-Autoren/innen entweder, er sei in Bewegung, oder, er stehe still; selten werden beide Sichtweisen in einer Deutung vereint... Damit sind wir wiederum beim Stichwort »Selbsterfahrung«: Die vorgegebenen Lehrmeinungen können auf einem Auge oder an bestimmten Punkten wie blind sein. Und derselben Gefahr unterliegt auch die persönliche Meinungsbildung. Dennoch und daher ist die selbständige Erkundung und Erprobung der sicherste Weg der Lebensreise, das wirkungsvollste Mittel der Selbsterfahrung, wenn man es nur *wagt*, den gehabten Erfahrungen Vertrauen zu schenken und aus ihnen eigene Schlüsse zu ziehen.

Im Unterschied zu manch anderen Karten hat sich der »Wagen« im Laufe der Tarot-Geschichte nicht allzusehr geändert. Das abgebildete Crowley-Bild stellt äußerlich eine der größten Abwandlungen dieses Bildmotives dar; und doch führt auch diese Karte zur gleichen Thematik hin wie die anderen Varianten: Der Sommeranfang im Zeichen des Krebses ist eine günstige Zeit, etwas zu »wagen«: Einen eigenen Kurs, einen persönlichen Stil, selbstgewichtige, stimmige Ausdrucksformen für Gefühle und Bedürfnisse.

Einige Tarot-Bücher möchten den »Wagen« vor allem als eine Karte der Jugend, der Pubertät, des Abschieds vom Elternhaus verstanden wissen. Dies mag zwar zutreffen; zusätzlich bedeutet die Karte aber nicht nur den Aufbruch, sondern ebenso den Abschluß der Jugend. Die Karte »Der Wagen« beinhaltet auch ein Bild des erwachsenen Menschen, einer gereiften Persönlichkeit, die ihren Platz im Leben gefunden hat und die weiß, wo und wie es für sie langgeht.

Das Tierkreiszeichen Krebs entspricht, einer geläufigen Einteilung zufolge, besonders dem Abschnitt 21–28 Jahren im Leben eines Menschen. 21 Jahre ist die alte Grenze des Erwachsenseins, der vollen Mündigkeit und Rechtsfähigkeit. Mit 28–29 Jahren sollte die seelische Eigenständigkeit ihren Kurs gefunden und einen persönlichen Stil in die Welt eingeführt haben. (Astrologisch: Saturn-Return nach gut 28 Jahren; allgemeiner Brauch: Die »30« als magische Zahl des Älterwerdens und des Umbruchs in der persönlichen Lebensgestaltung.)

Es ist nicht selbstverständlich, eine seelische Eigenständigkeit großzuziehen und erwachsen-, flüggewerden zu lassen. Viele sind erwachsen, aber kennen ihre innere Unabhängigkeit, ihre persönlichen seelischen Empfindungen nicht. Andere spüren die Kraft und die Wahrheit der eigenen Seelenregungen, aber bleiben bis ins hohe Alter in einer Versuchsphase, ohne seelisch sich zu runden und zu vollenden.

Zum Weg der Selbsterfahrung (der selbstständigen Lebenserfahrung) gehören wahrhaft komplexe Widersprüche. Da sind, im Rider- und im Marseiller-Bild, das ausdrückliche, frei-handelnde »Ich« (Wagenlenker), ein majestätischer, sternenbesetzter Überbau (Krone und Baldachin), ein grauer oder kontrastloser Unterbau (Wagen) mit divergierenden Bewegungsqualitäten und Zielrichtungen (Räder), unterschiedlichen Triebkräften (Pferde), mit umfassenden Vorerfahrungen (im Rider-Bild: Vater-Stadt und Mutter-Natur im Hintergrund) und mit rätselvollen Erwartungen (Sphinxen), welche der eigenen Entwicklung vorangehen. Das »Ich« steuert seinen (Lebens-)Wagen auf der Basis seiner Emotionen. Der permanente Widerspruch zwischen allen möglichen Rätseln und Richtungen der Gefühle schafft und bewahrt jenes *Zentrum* (im Crowley-Bild durch die rotierende Scheibe in der Bildmitte dargestellt, im Rider-Bild durch die geflügelte Sonnenscheibe und im Marseiller Bild durch das Wappen), welches eine bewegliche und dennoch stabile *innere Mitte* bedeutet.

Der Wagen und sein Lenker bewegen sich und/oder finden zur Ruhe – aus innerer Kraft. Die Pferde und die diversen Rätseltiere vor dem Wagen tragen oder ziehen den Wagen *nicht*. Sie sind nur die *Vor-Läufer* der eigenständigen Entwicklung von Wagen und Wagenlenker. Bildlich und tatsächlich gilt hier: Der Wagenlenker kann seine Gefühle, seine Lebensgeschichte, in welcher er mittendrin steckt gar nicht »in den Griff« bekommen; er kann nur seine richtige *Einstellung* zu seinem »Karma«, zu seinem Unbewußten finden. Dann trägt ihn der Wagen, und es wird eine angenehme Lebensreise, ohne daß er sich eingepfercht oder ungewollt fortgerissen oder gebremst fühlen müßte.

Bei aller Auseinandersetzung mit zurückliegenden Erfahrungen und vorliegenden Erwartungen bleibt jedoch der Wagen in seinem Unterbau unbewußt – grau, »eckig«, undurchsichtig. Das Unbewußte läßt sich erhellen und durchleuchten, es untermauert im Idealfall eine selbstbewußte Persönlichkeit, doch es bleibt als solches, als Unbewußtes generell erhalten. Die Selbsterfahrung stellt somit ein Wagnis dar, weil sie buchstäblich auf jedem Meter ihres Weges auf Neues, auf Unbekanntes treffen kann und lernen muß, sich gegebenenfalls in jedem Moment neu zu entscheiden. Andererseits geben die Resultate des Weges auch eine unvergleichliche Selbstbestätigung, so daß Risiko- und Sicherheitsbedürfnisse hier einen Ausgleich finden.

»Persona« oder Persönlichkeit?

An späterer Stelle werden wir auf die Vorstellung von der sog. »Reise des Helden« eingehen (s. S. 143 ff.) – ein Konzept, welches den Weg der Selbsterfahrung und das Tierkreiszeichen Krebs insgesamt betrifft und welches von einigen Autorinnen und Autoren als Interpretationsmuster für den »Wagen« vorgeschlagen wird. An dieser Stelle soll einstweilen angemerkt werden, daß es etwas jünglingshaft-altbacken anmutet, heute noch von der »Reise des Helden« als Lebensplan zu sprechen: Vor dem Hintergrund einer (deutschen) Geschichte, die andere Ideale kennt und braucht als ein neues Heldentum. Vor allem aber sollte, im Zusammenhang mit einem traditionellerweise typisch-weiblichen Zeichen wie dem Krebs, wenigstens (auch) eine *Heldin* ihren Platz in dem Wagen bekommen. – Immerhin zeigt das Bild des »Wagen« (ebenso das folgende der »Hohepriesterin«), wie mächtig, tatkräftig und aktiv Prinzipien wirken können – die Seele, das Unbewußte, der Mond –, welche, wie das Tierkreiszeichen Krebs, von der älteren Astrologie schlicht als »weiblich« und »passiv« eingestuft wurden.

Die tatsächliche Spannbreite des Verhaltens ist beim Wagen wie beim Krebs sehr groß. Hier kann sich eine sog. »Persona« (eine Maske, eine Rolle, ein äußeres Styling) darstellen, welche sich fest in ihre ganze Lebensgeschichte eingebunkert hat; umgekehrt aber auch eine selbstbewußte Persönlichkeit, welche *Gefühl und Härte*, d. h. seelische Offenheit und klare, stimmige Selbstabgrenzung verbindet. – Wird die Persönlichkeitsbildung jedoch behindert, kann die Mischung aus Gefühl und Härte zu apathischem Stillstand führen wie auch zu einer roboterhaften, gewohnheitsmäßigen Verhaltenssteuerung zwischen Getriebensein und Antriebslosigkeit. Dies Roboter-Gefühl zeigt sich im Crowley-Bild besonders deutlich, gilt aber für alle Bildvarianten des Wagens. Schließlich ist auch der militärische Panzerwagen (harte Schale, weicher Kern) eine Entsprechung des Krebses, und stellt, neben seinen möglichen Schutzfunktionen, im aggressiven Abreagieren der Gefühle mit aller Härte ebenso ein Merkmal des Tierkreiszeichen Krebs dar, wie auf dem anderen Ende der Skala eine extreme Passivität und Schutzlosigkeit vorherrschen können.

Stärken und Schwächen im »männlichen«, extrovertierten, aggressiven Umgang mit Gefühlen und ebenso im »weiblichen«, introvertierten, regressiven Gebrauch der Emotionen zu *unterscheiden* (auf jeder Seite »die guten ins Töpfchen – die schlechten in Kröpfchen«) und diese auf eine geeignete Weise zu einem persönlichen Lebensstil zu verbinden, – ist »Arbeit am Gefühl« und »Veränderung von Einstellungsgewohnheiten«. In der Arbeit und der Veränderung liegt das Wagnis der Selbsterfahrung. Ihre Bestätigung findet die Selbsterfahrung jedoch darin, daß durch die Kultivierung der Emotionen Ruhe und Bewegung sich vereinen und eine unvergleichliche Treue sowie eine lebendige Beziehung zu sich selbst bescheren.

● *Wie erleben Sie den »Wagen«?*
Verharrt er in Ruhe, so bedeutet dies im guten Sinne, daß man seelisch sein Zuhause besitzt und zufrieden mit der inneren Natur sein kann. Ein Stillstand des Wagens besagt jedoch, daß die rechte Spannung zwischen den verschiedenen Polen der Persönlichkeit fehlt, daß die Seele frisches Wasser und mehr Fluß benötigt. Erlebt man den Wagen in Bewegung, so heißt dies, daß die innere Natur nach außen wirkt, daß sie Motor des Lebens ist und sein darf. Fehlt aber in der Bildbetrachtung das Moment der Ruhe und Verharrung (so daß nur Bewegung vorherrscht), weist dies auf einen mangelnden Spannungsausgleich hin, es fehlen insoweit die Pole und Aufgaben im Leben, wohin die Gefühle und Stimmungen, welche der inneren Quelle entspringen, abfließen und sich austauschen können.

Innere Zwiesprache

Abbildungen: Karte II-Die Hohepriesterin
Rider-, Crowley- und Marseiller Tarot (v.l.n.r.)

Die Hohepriesterin ist eine Gestalt der seelischen Wahrnehmung und der inneren Stimme. Sie ist zuerst ein unbewußter Ausdruck der eigenen Person, und durch Selbsterfahrung kann es gelingen, einen bewußten Dialog mit ihr zu pflegen.

Ihre Besonderheit liegt in der seelischen Empfindung davon, was überhaupt die eigene Person ausmacht, was sie von anderen unterscheidet und worin die persönliche Fruchtbarkeit liegt. Diese seelische Kraft grenzt die eigene Person gegenüber dem Meer des großen Unbewußten ab; sie sondert die Flut der alltäglichen Erfahrungen und Eindrücke nach schwarz und weiß (B und J steht auf den Säulen im Rider-Tarot: Boas und Jakim, die legendären Namen der Hauptpfeiler des alten Tempels von Jerusalem, entsprechen sinngemäß Yin und

Yang oder auf Mundart – vereinfachend, hier jedoch treffend – »Jut« und »Böse«).

In der Abgrenzung und der seelischen Unterscheidung entwickelt sich das innere Bild der persönlichen Fruchtbarkeit. Die innere Wahrnehmung durchleuchtet die eigenen Gedanken und auch die spontanen Gefühle und projiziert sie auf die Leinwand der inneren Erfahrung. Sie destilliert den Kern der eigenen Lebenswahrheit aus der »ewigen Wandelwelt«. So schafft sie in der Seele ein Bild für die Vereinigung der inneren Widersprüche der Person zu einem fruchtbaren Ganzen. Dafür stehen alle Einzelsymbole, wie das Kreuz, das Buch des Lebens, die Früchte, der Lebensbaum (dargestellt durch die Palmen und die Anordnung der Früchte im Rider-Bild), ferner der dreifache Mond und die Lotusblüten auf den Säulen.

Alle diese Symbole bedeuten eine gelungene Unterscheidung und Vereinigung der persönlichen Widersprüche, die hier die seelische Empfindung leistet. Die Hohepriesterin zeigt ein Bild der seelischen Ganzheit, das zugleich Quelle und Abbild der äußeren Fruchtbarkeit ist.

Die Karte betont damit die Integrität der seelischen Erfahrung als eine wesentliche Grundlage für alles andere. Sie ist, nach und neben dem »Magier« – der persönlichen Individualität (Unteilbarkeit), die zweite Station der Großen Karten des Tarot. Sie ist Ausgangspunkt, immer schon vorhanden, und zugleich so elementar, daß man erst mit einiger Lebenserfahrung lernt, sie zu verstehen.

Bei den abgebildeten Crowley-Karten ist es übrigens so, daß die Hohepriesterin Pfeil und Bogen hält – für die Zielscheibe des »Wagen-«Lenker. Die Hohepriesterin symbolisiert unsere Kraft, seelische Spannungen aufzubauen, auszuhalten und zu überbrücken (wie das kleine Kamel im Bild Durststrecken zu bewältigen und den Weg zur Oase zu finden versteht). Das Geheimnis der Hohepriesterin ist ihre (unsere) Fähigkeit, in Gefühlsdingen treffende Unterscheidungen und Verbindungen herzustellen. Wie die Isis-Krone auf dem Haupte der Priesterin zunehmenden, vollen und abnehmenden Mond darstellt, so kann und muß die innere Stimme wechselnde Wünsche und Ängste auseinanderhalten, sinnvolle von unsinnigen Wünschen trennen, berechtigte von unnötigen Ängsten fernhalten.

Einige Tarot-Deuter/innen, namentlich Hans-Dieter Leuenberger, sind auf die Idee verfallen, der Vorhang (im Rider-Bild hinter der Hohepriesterin, im Crowley-Bild mehr vor ihr) müsse entfernt werden. Das ist jedoch ein verheerendes Mißverständnis! Im esoterischen Sprachgebrauch ist die Rede von den »Schleiern der Maya«, die es zu lüften gelte. Doch damit sind Illusionen gemeint, die loszulassen und loszuwerden sind, wie die berühmten Schuppen vor den Augen. Da ist es absolut richtig, den Vorhang zu lüften und hinter die Kulissen zu schauen. Von solch offenbarenden Erfahrungen handeln auch die Metaphern des zerrissenen Vorhanges und des zerbrochenen Spiegels, die in vielen Varianten überliefert sind.

Bei der Hohepriesterin aber geht es um etwas völlig anderes. Hier käme die Entfernung des Vorhanges einer seelischen Verstümmelung gleich. Der Vorhang gibt – als Leinwand, als innerer Spiegel im Rider-Bild und als feines Beziehungsnetz, als weitreichendes Verknüpfungsvermögen im Crowley-Bild – bei der »Hohepriesterin« *ein Bild der Funktionsfähigkeit der Seele* wieder. Schon einzelne Risse und Löcher in diesem Vorhang bedeuten schmerzhafte seelische Wunden. Ein völlig zerstörter Vorhang bei der Hohepriesterin wäre ein schlimmer Alptraum!

Wenn äußerlich alle Stricke reißen, dann ist man auf eine intakte Seele, auf eine deutliche seelische Orientierung besonders angewiesen. Wenn die Schuppen von den Augen fallen, wenn äußerlich Vorhänge, Kulissen, Fassaden, Identifikationen (Spiegelbilder) zerreißen, dann muß die Seele besonders rührig werden, besonders ruhig werden, und die neuen Eindrücke, welche auf sie zukommen, sorgfältig verarbeiten. Eine Hohepriesterin ohne Netz und zusätzlichen (Resonanz-)Boden wäre wie ein Krebs ohne Schale: Extrem verletzlich und zugleich überaus haltlos und fassungslos. Vor solchen »Mißverständnissen« müssen wir uns schützen, indem wir die Immunität der »Hohepriesterin« bewahren und die Kostbarkeit der Seele jedes einzelnen Menschen hervorheben.

Kostbarkeit der Seele

Die Königin der Kelche hält, wie der Vergleich mit den anderen Kelch-Karten zeigt, einen besonders wertvollen Kelch in Händen, dessen weitere Besonderheit darin besteht, daß er nicht halboffen, sondern geschlossen ist. Die Königin hat »nah' am Wasser gebaut«, was ihr reiche und treffende Bilder, Ahnungen und Visionen gibt.

KÖNIGIN der KELCHE

Königin der Kelche

REYNE·DE·COUPE

Abbildungen: Karte Königin der Kelche
Rider-, Crowley- und Marseiller Tarot (v. l. n. r.)

Wenn sie mit sich im Reinen ist, bezieht sie daraus viel Kraft und eine fruchtbare Fantasie. Sie – und damit auch das Tierkreiszeichen Krebs – kann, wenn sie auf sich achtet, ein heiteres und tiefes, ein schönes und wahrhaft erfülltes Leben verwirklichen, mit glücklichen Überraschungen, herzlicher Freude und echter Glückseligkeit.

Ein Aspekt des Tierkreiszeichen Krebs ist das Gewahrwerden der Zeit – der Zeitlichkeit des Lebens und der unterschiedlichen Qualitäten von Zeit. Der Mond mit seinen Wandlungsperioden, Ebbe und Flut, Tag und Nacht – dies alles bringt im Zeichen des Krebses ein Zeitbewußtsein hervor, das dieser als Neuheit in den Tierkreis einführt. Auf der anderen Seite schenkt uns dieses Tierkreiszeichen jedoch geradezu eine Enthobenheit aus Zeit und Raum. Die Königin der Kelche lebt in ihrer wirklich eigenen Welt, der Welt der Seele.

Sie muß sich daher entscheiden, ob sie diese Gabe als Isolierung (Rider-Bild) und Versponnenheit (Crowley-Bild) auslebt oder als einen Jungbrunnen (s. die Putten-engel im Rider-Bild) nutzt, in und an dem sie innerlich in die Tiefe wächst (s. Crowley-Bild), um äußerlich über sich hinaus zu wachsen.

Es besteht ein deutlicher Unterschied zwischen dem offenen Wasser in See und Meer und andererseits dem Wasser, das wir in unserem Kelch jeweils fassen kön-nen. Gut ist es, die Gemeinsamkeiten zu fühlen: Daß der eigene Kelch nur ein Teil des großen, viel größeren Wasserkreislaufes ist. Genauso notwendig und schön ist es jedoch, den Unterschied des einzelnen Kelches hervorzuheben. So werden Eigenständigkeit und Würde jeder Seele faßbar.

Traditionelle Deutungen des Tierkreiszeichen Krebs und auch der Karte der Königin der Kelche kamen oft schnell auf eine mögliche (sexuelle) Gefühlskälte zu sprechen. Doch das trifft nicht richtig. Abgesehen da-von, daß sowohl überbordende wie auch hitzige Gefühle für sie typisch sein können, geht es hier beim Krebs und bei der Königin der Kelche viel eher um eine stark ausge-prägte Neigung zum Eigenleben und um den Schutz der Eigendynamik der privaten Gefühle. Die Konsequenz daraus ist heute vielfach eher das »Single«-Dasein als eine emotionale oder sexuelle Verfrorenheit.

»Krebse« besitzen ein besonders reiches Gefühlsle-ben, was die Königin der Kelche illustriert. Oft glauben sie von sich, sie hätten »zuviel« Gefühl oder zu kompli-zierte Seelenklänge, die eine gute oder eine konstante Beziehung erschwerten. Doch in der Regel trifft das nicht zu, im Gegenteil: Erst reiche Gefühle machen die natürlichen Grenzen des Einfühlungsvermögens deutlich, jene Grenzen, an denen spürbar wird, daß das eigene Fassungsvermögen erfüllt ist und an denen der andere Mensch in seiner seelischen Besonderheit sich unterscheidet. An diesem Punkt haben Krebs und Königin der Kelche die eigenen Gefühle gänzlich erfaßt; erst dann *schließt* sich ihr Kelch, und sie sind ohne weiteres fähig zu Beziehungen, welche Gemeinsamkeit und Eigenleben, Nestwärme und Autonomie, Mitgefühl und Selbstgefühl verbinden.

»Gefühl und Härte« (Übertragung)

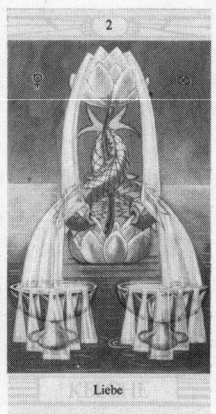

Abbildungen: Karte Kelch 2
Rider-, Crowley- und Marseiller Tarot (v. l. n. r.)

Die »zwei Kelche« gehören zu der Handvoll Tarot-Karten, die für die meisten Betrachter/innen auf den ersten Blick *nur* »positiv« aussehen. So wie es etwa bei den hohen Schwert-Karten ein kollektives Vorurteil gibt, das darin umgekehrt nur die schlimmen Aspekte in den Vordergrund rückt, so bewirken kollektive Sehgewohnheiten bei den zwei und bei den drei Kelchen eine zunächst rein positive Wahrnehmung. Die Karte »Kelch 2« zeigt überfließende und aufblühende Emotionen (Crowley- und Marseiller Bild), eine Situation des Teilens, des Mitteilens und Austauschens (Rider-Bild). Die Bedeutung dieser Situation hängt aber davon ab, *was* in den Kelchen enthalten ist, welche Wasser hier fließen bzw. dargeboten werden.

In der ausschließlich »positiven« Deutung dieses Bildes wiederholt sich jenes Vorurteil, das für den »Krebs« und für das Seelenleben insgesamt nur zarte, liebevolle, einfühlsame Regungen kennen möchte. Die Becher mit trüben, ätzenden, abgestandenen oder sonstwie unangenehmen Inhalten, die wir alle schon in Händen gehabt, getrunken und weitergereicht haben, sind in verblüffender Allgemeingültigkeit – kein Thema.

Nun besagt eine Regel des Tarot-Kartenlegens: Alles, was einer/m geschieht, während man mit einer Karte beschäftigt ist, kann dem Inhalt der betreffenden Karte zugehören. Wenn also die Schattenseiten der Karte schwer zu entdecken sind, so kann darin eben eine inhaltliche Bedeutung der Karte »zwei Kelche« bestehen: Seelische Schattenseiten gehören zum Inhalt der zwei Kelche, zum Inhalt des seelischen Austausches und der »Liebe«, von welcher der Titel der Crowley-Karte spricht. Diese Schatten der Seele sind zunächst unsichtbar und müssen bewußtgemacht und verstanden werden, ehe man sie konkret zu erkennen vermag.

Die Seele wirkt wie ein Spiegel. Wo kein Licht ist, kann der beste Spiegel nichts anzeigen. Und von Dingen oder

Erfahrungen, welche dem Spiegel noch nie vorgehalten wurden, hat dieser einfach nichts zu melden. Völliges Neuland, etwas absolut Fremdes erscheint der Seele deshalb – als Black-Out. Unbewußt sucht die Seele in Beziehungen und Begegnungen nach Übereinstimmungen, möchte im anderen Vertrautes wiedererkennen. Es beginnt ein Prozeß der Identifizierung. Das Fremde wird mit dem Bekanntem verglichen und diesem anverwandelt. Das Eigene wird auf das Andere übertragen und der andere Mensch innerlich im eigenen Maßstab abgebildet.

Der Prozeß der wechselseitigen Identifikation kann ungemein beflügeln, die Gefühle und alle seelischen Kräfte zu reichem Fließen veranlassen. Das geschieht gewöhnlich in Phasen erster Verliebtheit, und dies wäre bis hierher eine erste Deutung dieser Karte.

Der eine findet sich im anderen wieder und umgekehrt. Die wechselseitige Identifikation spendet der oder dem einzelnen Anerkennung und Geborgenheit, d. h. seelische Gewißheit – doch nur bis zu einem gewissen Grade, nämlich bis zu der Grenze, wo die Schattenseiten des anderen beginnen. Denn da hilft die spontane Sympathie allein nicht weiter. Wo bisher Wünsche regierten (nach Übereinstimmung), da melden sich Ängste (vor Ablehnung, vor Isolierung). Nun mag man versuchen, die alte Zufriedenheit und den wechselseitigen Gleichklang zurückzuholen. So daß die Schattenseiten verdrängt werden. Aber damit hat sich das Blatt schon gewendet. Nicht mehr der Reichtum der eigenen Gefühle ist alleiniger Motor des Fließens und Tauschens, sondern auch Mangel, Unzufriedenheit und Angst werden zum gleichfalls treibenden Motiv. – In diesem Sinne gibt die Karte »Kelch 2« Bilder für die verschiedensten

Formen eines vertrackten Beziehungsmusters an. Das Fließen und Tauschen der Kelche vollzieht sich dann auf einer veränderten Grundlage: Aus Mangelempfinden, Unzufriedenheit oder Angst gibt die eine Seite ihren Kelch preis, und die andere Seite nimmt und sammelt immer neue Kelche an. Doch beide finden nicht zur Zufriedenheit, weil nur der eigene Kelch Spender und Empfänger von Glück und Erfüllung sein kann.

Das scheinbar nur-harmonische Bild des Teilens und Tauschens verkörpert sogar einen Bann, der die beiden Gestalten wie ein böser Zauber zusammenhält. Der geflügelte Löwenkopf im Rider-Bild kann dann für »abgehobene« Ansprüche, für aufgesetzte Mienen oder für losgelöste Leidenschaften stehen, die wie ein Druck auf der Beziehung/Begegnung lasten oder wie ein Magnet alle Energien aus den Kelchen abziehen. Der Löwenkopf bezeichnet insofern eine unselige Klammer, welche aus innerem Zwang oder aus seelischer Not entspringt: Eine Verklammerung von Wünschen und Ängsten, eine unheilvolle Verquickung der Gefühle, eine »Doppelbindung«, wie sie auch im Crowley- und im Marseiller Bild abzulesen sind. Der Bann, der auf den Betroffenen liegt, ist unter solchen Gegebenheiten völlig real. Ein Wort, eine Geste reicht unter seiner »Obhut«, um eine Karussell von seelischen Reaktionen wie unter Hypnose ablaufen zu lassen. Trotz seiner realen Wirksamkeit erscheint ein solcher Bann zugleich jedoch als schwer faßbar und als irgendwie unwirklich, weil er ja nicht auf äußerer Gewaltanwendung, sondern »nur« auf der Macht des Seelenlebens beruht. Allein im Traum, im Märchen und in anderen Medien, welche die Realitäten des seelischen Empfindens wiedergeben, tritt der Bann in verschiedenster Gestalt plastisch in Erscheinung.

Der rote geflügelte Löwe entspricht der geflügelten bzw. der rotierenden Sonnenscheibe in den Bildern des »Wagen«, mit dem Unterschied, daß die damit bezeichnete Dynamik der Selbsterfahrung beim »Wagen« ihr Zentrum »unten«, im Unbewußten besitzt, während sie hier »oben«, im »Über-Ich« (in Idealen, in Ansprüchen, im Gewissen) herrscht. Damit wird die enorme Macht des Seelenlebens verdeutlicht, die noch wächst, wenn sie nicht allein das Innenleben eines Menschen, sondern über Beziehungs- und Verhaltensgewohnheiten das äußere Leben bestimmt.

Alles hängt insoweit davon ab, den *Sinn* der Gefühle und der seelischen Schwingungen zu verstehen. Der geflügelte rote Löwe kann die »Schirmherrschaft«, die Übermacht völlig unsinniger Gefühlsanwandlungen anzeigen. Genauso wie die krönenden, erhöhten Blumen im Crowley- und im Marseiller Bild auch die berüchtigten »Blumen des Bösen« bedeuten können. Andererseits sind dieselben Blumen möglicherweise Symbol einer erblühten, fruchtbaren Liebe. Und der beflügelte rote Löwe zeigt im guten Sinne entwickelte, befreite Emotionen an, die flügge-, großgeworden sind und eine Liebe von großer Spannkraft und Reichweite ermöglichen.

Die astrologische Konstellation dieser Karte lautet »Venus in Krebs« (gültig besonders für die 1. Dekade des Krebs-Monats, vom 22.6.–1.7.). Venus, die Göttin der Liebe, verkörpert insbesondere Harmonie und Schönheit aus der Übereinstimmung von Sinn und Sinnen. Nur unsinnige und sinnenlose Gefühle verwandeln die Venus in eine böse Zauberin, die einen Bannkreis errichtet.

Die Sprache des Unbewußten

 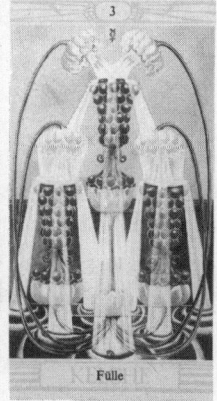 

Abbildungen: Karte Kelch 3
Rider-, Crowley- und Marseiller Tarot (v.l.n.r.)

Jemanden auf angenehme oder unangenehme Weise zu verzaubern, heißt im Englischen to put a spell on someone, d.h. wörtlich u.a., einen *Spruch* auf jemanden zu richten, *buchstäblich* jemandem etwas auf- oder einzureden. Hier ist im Sprachgebrauch direkt etwas von der magischen Wirkung der Sprache, des Wortes erkennbar geblieben. Wenn wir »Simsalabim« in Zaubervorführungen hören oder »ABRACADABRA«, wie es übrigens in den blauen Baldachin des »Wagen« im Crowley-Bild geschrieben steht (s. S. 58 und 62), dann er scheint uns dies meist als Floskel. Der »Hokuspokus« besitzt jedoch eine tiefere Bedeutung, die hier am Bild der »3 Kelche« deutlich wird und für das Tierkreiszeichen Krebs insgesamt sehr wichtig ist.

Die »2 Kelche« haben die Polaritäten des Seelenlebens zum Thema. Karten mit der Zahl Drei stellen im allgemeinen eine abgerundete oder eine zugespitzte Situation dar, in welcher die Widersprüche der Zwei entweder zu einem ganz neuen Problem oder zu einer gelungenen Synthese finden.

Betrachten wir zunächst das Crowley-Bild. Es zählt mit zu den schönsten Karten des Tarot-Spiels, wenn wir es als ein Bild überfließender, unerschöpflicher Gefühle, welche sich wechselseitig speisen, betrachten, als ein Bild eines in umfassender Weise reichen und erfüllten Lebens. Entsprechend zeigt das Rider-Bild das Leben als Fest, als reale Glückseligkeit. Die Seele zeigt ihren Glanz, ihre Fruchtbarkeit und findet dabei Widerhall und Zustimmung in der Gemeinschaft.

Der einzelne Kelch fühlt sich hier im wahrsten Sinne aufgehoben. Und indem das Rider-Bild an die drei Grazien, an die drei Nornen (Schicksalsgöttinnen), an die drei Wünsche des Märchens erinnern mag, bildet sich folgendes Szenario vor unseren Augen: Aller guten Dinge sind drei: *Drei* wie die dreifache Göttin und Erdmutter, Flucht-, Ausgangs- und Zielpunkt aller Sehnsüchte nach Heimkehr und Heimat, erlösungsbedürftige und erlösende Kraft der Natur, gefürchtet und verehrungswürdig, wie es in den bekannten Schlußversen von Goethes »Faust« zum Ausdruck kommt:

> Alles Vergängliche
> Ist nur ein Gleichnis;
> Das Unzulängliche,
> Hier wird's Ereignis;
> Das Unbeschreibliche,
> Hier ist's getan;

Das Ewig-Weibliche
Zieht uns hinan.

Was bei den »2 Kelchen« als Zauber und Bezauberung angelegt ist, kann sich hier weiterentwickeln. Aber auch der Bann, welcher über den zwei Kelchen liegt, könnte sich hier weiter zuspitzen. Die Kelch-Haltung der Frauen im Rider-Bild kann nicht nur Anmut, sondern auch Hochmut der Seelen darstellen. Die größte Gefahr der drei Kelche besteht dabei in erweiterten, auf eine Gruppe übertragenen Identifizierungsversuchen. Damit ist folgender Zusammenhang gemeint:

Seelische Schatten sind als solche nicht nur »schlimm«. Sondern gerade da, wo ein Mensch wirklich einzigartig ist, ist er ohne Vorbild. Wo kein Vorbild existiert, besitzt die Seele nichts, was sie reflektieren kann. Ergo meldet sie Dunkelheit. Dieses Schattens muß man sich annehmen, um zur persönlichen Natur gänzlich vorzustoßen. – Andere Schatten bedeuten dagegen sinnlose oder gefährliche Eindrücke, welche die Seele mitbekommen hat, und von dieser Sorte Schatten muß man sich, im Unterschied zur ersten, freihalten, indem man sie zurückweist.

Das große Glück, welches die »drei Kelche« mit Sicherheit verheißen, hängt nun damit zusammen, daß man sich als Person rundum angenommen fühlt. Wenn dies eine reale Geltung haben soll, muß die wechselseitige Anerkennung auch die Schattenseiten eines Menschen einschließen, welche Ausdruck seiner Individualität und all ihrer noch unbekannten Möglichkeiten sind. Und diejenigen Schattenseiten muß der/die Einzelne in der Gruppe zurückweisen, die für ihn persönlich unverträglich sind. Wo dies gelingt, hat das Glück einer Lebensgemeinschaft einen fruchtbaren Boden. Man muß sich eben nur an die Schattenseiten heranwagen und diese in ihrer unterschiedlichen Bedeutung sauber trennen, anstatt ein Kreisspiel der Identifizierung zu betreiben, wo die Gültigkeit der eigenen Gefühle von der Zustimmung der anderen abhängt.

Damit kommen wir auf die große Bedeutung, auf die Zauberkraft des Wortes zurück. Ob wir in einem Freundeskreis, in einem Lebenszusammenhang leben, in welchem wir Heimat, Geborgenheit, Zustimmung und Anerkennung finden, oder nicht, – macht einen erheblichen Unterschied aus und beflügelt oder beschwert viele Aspekte der Lebensqualität. Erfolg und Dauer einer fruchtbaren Lebensgemeinschaft hängen aber wesentlich davon ab, ob es gelingt, die persönliche Eigenart der/des Einzelnen einzubringen und zu beherzigen. Ein richtiges Wort zur richtigen Zeit kann Wunder wirken und verborgene Welten zum Vorschein bringen. Darauf kommt es in diesem Zusammenhang besonders an.

Das richtige Wort zur richtigen Zeit und an der richtigen Stelle – darin bestand aber die reale Macht, der wirkliche Zauber des »Hokuspokus« – vor langer Zeit, als die Menschen noch nicht viele Worte kannten. Auf eine persönliche Art fallen uns Macht und Zauberkraft des Wortes heute wieder zu, wenn wir solche Worte und Gesten finden, die im richtigen Augenblick uns selbst, unsere Gefühle und unsere Seele zum Ausdruck bringen. – »Merkur in Krebs« ist dieser Karte (und besonders der 2. Krebs-Dekade vom 2.–12.7.) zugeordnet.

Selbst-Findung

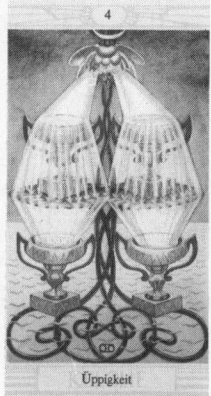

Abbildungen: Karte Kelch 4
Rider-, Crowley- und Marseiller Tarot (v.l.n.r.)

Karten mit der Zahl Vier geben eine ausgebaute Situation wieder, in welcher die Polaritäten der Zwei als gegensätzliche oder aber als ergänzende Kräfte sich potenzieren. Erleichterung und Beschwerung des Daseins durch die Macht der Seele können sich hier also konzentrieren. Bei »zwei Kelche« kommt es besonders auf die Unterscheidung von stimmigen und unstimmigen Gefühlen an. Die »drei Kelche« fordern auf, die eigenen Gefühle ganz auszudrücken. Die »vier Kelche« nun bilanzieren die seelischen Erfahrungen und Erwartungen, suchen den aktuellen Schnittpunkt der seelischen Realität. »Mond in Krebs« – die charakteristische Konstellation für das gesamte Tierkreiszeichen – ist noch einmal speziell der 3. Dekade (13.–22.7.) und dieser Karte zugeordnet.

Das Rider-Bild zeigt in einer ersten Betrachtung eine Situation der Niedergeschlagenheit, der Depression und der Verweigerung. Aufschlußreich ist der Vergleich mit dem Crowley-Bild, welches ja strömende Gefühle zeigt, die diesmal aber nicht überfließen, sondern gänzlich von den Kelchen wieder aufgefangen werden. Durch den Vergleich wird deutlich, daß die Niedergeschlagenheit oder Verschlossenheit nicht damit zusammenhängen, daß keine Gefühle vorhanden wären oder daß innerlich nichts »laufen« würde. Es fehlt nur der rechte Begriff für das, was da seelisch abläuft. Das kann eine/n fertig machen, aber, bitte schön, im doppelten Sinne des Wortes: Erschöpft, weil alte Begriffe, alte Methoden der seelischen Vergewisserung nicht mehr funktionieren; doch auch fertig im Sinne von reif.

Indem man nach dem aktuellen Mittelpunkt der seelischen Interessen fragt (s. Marseiller Bild), deren Grundlagen und Zusammenhänge erforscht (wie die verschlungenen Wachstumskanäle im Crowley-Bild), findet man zu den eigenen Wurzeln hin. Der Baum (im Rider-Bild) ist Symbol der Natur, aber auch des Menschen als eines speziellen Teils der Natur (»mit den Füßen auf der Erde, mit dem Kopf im Himmel«). Wenn die Bildfigur also an den Wurzeln des Baumes sitzt, verweilt sie sinnbildlich an ihren eigenen. An ihren Wurzeln findet sie – schlicht und ergreifend – zu den eigenen *Gründen*. Sie muß nur begreifen, daß das, was für sie natürlich ist, auch das Selbstverständlichste ist. Anders ausgedrückt, sie muß ihre persönliche Natur begreifen, um sich selbst zu verstehen. Dieses Angebot der Selbst-Findung drückt der dargereichte Kelch im Rider-Bild aus.

Wird der neue Kelch angenommen, kommt dies einer Annahme der eigenen Person gleich, einschließlich der

Anerkennung ihrer noch unbekannten Eigenschaften und neuartigen Möglichkeiten. Der Kreislauf der Identifizierung (alles Neue wird dem bereits Bekannten angeglichen, in anderem Sprachgebrauch: Der Kreislauf der Inkarnationen) wird insoweit durchbrochen und aufgehoben.

In der geordneten Vierzahl im Crowley- und im Marseiller Bild schwingt die Vorstellung von Ganzheit und Vollständigkeit mit. Bezogen auf den Bereich der Kelche, das Element Wasser, werden gleichsam die vier Himmelsrichtungen unterschieden und verbunden. Wünsche und Ängste, Sympathien und Antipathien können und sollen hier in ihre Einzelaspekte geschieden werden, um aus dem einzelnen ein ganzes Bild zu gestalten. Stimmige und unsinnige Wünsche, sinnvolle und unbegründete Ängste müssen hier bilanziert und auf einen Begriff gebracht werden.

Diese verschiedenen Gefühlsqualitäten aufzuspüren und zu bearbeiten, ist weder psychologischen Fachleuten vorbehalten noch eine Sache von beschwörenden Ritualen. Es geht nicht um Wunderglauben, auch nicht um bloßes Zuwarten, vielmehr um die Treue zu sich selbst, um das Wagnis, Zutrauen zur »inneren Stimme« zu fassen und die eigene Person in ihrer Beschaffenheit zu lieben.

Tarot-Kartenlegen

Zum Tarot-Kartenlegen gehört die Symboldeutung, aber auch der Mut, den Gefühlen und den manchmal unbekannten Wirklichkeiten der eigenen Person ins Auge zu schauen. Man beginnt am besten mit der »Tageskarte«. Morgens oder abends wird täglich oder doch einigermaßen häufig eine Karte gezogen – als Symbol, als Motivierung oder als besinnlicher Reflex des persönlichen Tagesgeschehens. Die Bedeutungen dieser Tageskarten sollen zunächst individuell und intuitiv erfaßt werden. Später können zusätzliche Interpretationen aus der Tarot-Literatur zu Rate gezogen werden. Zwei (der zahlreichen) Muster für das weitere Tarot-Kartenlegen:

2	1	3

1 – Aktuelle Situation
2 – Vergangenheit oder das, was schon da ist
3 – Zukunft oder das, was neu zu beachten ist

	5	
2	1	3
	4	

1 – Schlüssel oder Hauptaspekt
2 – Vergangenheit oder das, was schon da ist
3 – Zukunft oder das, was neu zu beachten ist
4 – Wurzel oder Basis
5 – Krone oder Chancen.

Zum praktischen Vorgehen:

● Benutzen Sie alle 78 Karten eines Tarot-Spiels. Die Sitte, nur 22 Karten zu verwenden, stammt aus der Zeit von vor 1910, als für nur 22 Karten (die sog. Großen Arkana) Bilder existierten. Heute ist die generelle Beschränkung nicht mehr sinnvoll.

● Überlegen Sie sich Ihre Frage, die Sie nun an die Tarot-Karten richten möchten. Für die Art der Frage gibt es keine zwingenden Ge- und Verbote.

● Wichtig ist zu wissen: Die Karten wirken wie ein Spiegel. Sie können Fragen über zweite und dritte Personen stellen. Die Antwort der Karten schließt dabei stets Ihr Verständnis und Ihr Verhältnis zu diesen Personen mit ein. Wenn Sie Fragen über andere Personen stellen, sind dennoch auch Sie selbst mit im Spiel.

● Mischen Sie die Karten, wie Sie es gewohnt sind. Alle verpflichtenden Vorschriften (Kartenziehen mit links; Mischen durch Rühren auf dem Tisch usw.) sind Humbug. Nichts gegen ein persönliches Ritual. Aber keine verpflichtenden Vorschriften.

● Legen Sie nach einem Legemuster aus, das Sie zuvor ausgewählt haben. Sie können dazu Legemuster aus der Literatur benutzen, aber auch eigene entwerfen (vor einer Kartenbefragung).

● Ziehen Sie die Karten, wie Sie es gewohnt sind. Legen Sie sie verdeckt in Form des Legemusters vor sich hin.

● Die Karten werden dann (im Normalfall) *einzeln* aufgedeckt. Erst wenn die Betrachtung und Interpretation einer Karte beendet ist, soll die nächste aufgedeckt werden.

● Alles, was während einer Kartenbefragung geschieht, kann zum Inhalt der gesuchten Antwort gehören.

- Die Antwort auf Ihre Frage geben *alle* Karten einer Auslage zusammen.

Eine Auslage, die sich besonders für das Tierkreiszeichen Krebs eignet:

»(Auch) so bin ich«

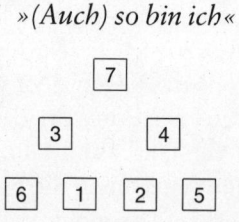

1 – Was ich fühle
2 – Was ich weiß
3 – Woran ich glaube...
4 – ...woran ich festhalte
5 – Was ich nicht weiß...
6 – ...vielleicht nur ahne:
7 – (Auch) so bin ich!

Die anderen Seiten des Mondes

Der Krebs in der Traumdeutung

Im Grunde braucht das Tierkreiszeichen Krebs weniger Erläuterungen zur Traumdeutung als andere Zeichen. Die Welt der Gefühle, des Innenlebens und der Nacht ist sein angestammtes Reich. Träume sind seine alte und seine gesuchte neue Heimat. Dem Krebs etwas über Träume zu berichten, heißt im wesentlichen, ihn an seine Selbstverständlichkeiten zu erinnern. Es kommt für ihn allerdings darauf an, daß er seine Selbstverständlichkeiten auch selbst versteht. In diesem Sinne ermöglicht und verlangt Traumdeutung für das Tierkreiszeichen Krebs vor allem, *deutlich zu träumen*.

Die dunkle Seite des Mondes

Aus dem 19. Jahrhundert stammt der Topos, der feststehende Ausdruck, es gelte, die dunkle Seite des Mondes zu erforschen. Bis heute ist dies in populärer Kunst und psychologischer Literatur ein vielzitierter Begriff geblieben. Dabei wird freilich nicht selten übersehen, daß der Mond mit allen seinen Seiten heute in einer Weise zugänglich ist, die sich qualitativ von der Situation des vorigen Jahrhunderts unterscheidet. Durch die wissenschaftliche Traumdeutung seit Sigmund Freud liegen durchaus gangbare Methoden der Mondbetrachtung vor – auf der symbolischen Ebene. Auf der tatsächlich-praktischen Ebene ist insbesondere durch die Raumfahrt, durch Mondumkreisung und Mondbetretung eine neue Lage eingetreten.

Für das Tierkreiszeichen Krebs und seinen Stellenwert bei uns allen ergeben sich daraus mehrere Schlußfolgerungen. Erstens sind die dunklen oder Schattenseiten des Mondes und des Seelenlebens näher, bekannter oder jedenfalls greifbarer geworden. Zweitens bringt die gewachsene Bekanntschaft ein besseres Gefühl für die sehr *unterschiedlichen* Bedeutungen der Dunkelheit im Seelenleben mit sich. Wenn aber die Gefühle auch in ihrem Nachtbereich, in ihrer Einstellung gegenüber dem Unbekannten an Unterscheidungsvermögen gewinnen, dann steigt – drittens – die innere Sicherheit in seelischen Fragen, der Umgang mit Gefühlen und Stimmungen wird deutlich zuverlässiger.

Die dunkle Seite des Mondes bedeutet Seelenfinsternis und gefühlsmäßigen Black-out. Wir wissen inzwischen aus der Besprechung im Tarot-Kapitel, daß diese »schwarze Nacht der Seele« extrem gegensätzliche Bedeutungen besitzt. Sie kann Ausdruck großer Gefahr und großer Befreiung sein, wobei das eine (die Bedrohung) nicht etwa der Preis für das andere (die Freiheit) ist, sondern als selbständige Größe neben dem anderen steht.

Die Befreiung liegt darin, daß wir seelisches Neuland betreten; daß wir unsere persönliche Natur vollends entdecken, wenn wir unsere Vorbilder einholen und solche Erfahrungen machen, welche *jenseits* der bisher gespeicherten seelischen Eindrücke liegen. Die Offenheit für eine persönliche Weiterentwicklung, welche sich nicht in Wiederholung und Variation des Bisherigen erschöpfen mag, bedeutet seelisch einen Gang durch einen dunklen Korridor. Deshalb schlafen und träumen »Krebse« ja so gern, weil sie sich dabei seelisch erneuern können und ihre geeigneten Übergänge in das seelisch Neue, in eine neue Seele finden.

Die schwarze Nacht der Seele hat in diesem Sinne sehr angenehme Begleitumstände, und wer zuviel wach ist, verpaßt diese Genüsse.

Auf der anderen Seite kann seelische Dunkelheit etwas Furchtbares bedeuten. Die Fähigkeit, ein seelisches Bild von vorhandenen Eindrücken zu entwickeln, ist gefährdet oder geht für kürzer oder länger verloren. Der Mensch wird dann hohl, weil ihm seine innere Verdoppelung, seine Fülle, sein Gehalt entgeht. Ohne seelischen Resonanzboden klingen wir platt und stumpf.

Leidvolle Erfahrungen von Seelenfinsternis sind manchmal einfach Ausdruck der Begegnung mit seelischem Neuland, welches man als solches nicht einzuschätzen vermag. Oft sind sie aber auch Ergebnis von seelischen Verletzungen, die man erlitten oder verursacht hat, Erinnerung an schwarze Tage und dunkle Stunden des Lebens.

Die große Aufgabe besteht also darin, beide Aspekte des dunklen Mondes zu kennen und sehr genau auseinanderzuhalten.

Es ist angenehm, fruchtbar und notwendig, auch seelisch in rhythmischen Abständen abzuschalten. Aber es ist unnötig, fruchtlos und unangenehm, wenn in regelmäßigen Abständen seelisch die Sicherungen durchbrennen oder der Strom ausfällt.

Wer gerne abschaltet, sollte sich bewußt dafür Freiräume im Tagesablauf schaffen. Indirekte Methoden des Abschaltens – wie Naschen, Trödeln und (Tag-)Träumen – haben oft den Nachteil, daß sie das Selbstbewußtsein untergraben, statt es zu stärken – wie es für ein anerkanntes Seelenleben typisch ist.

Wer nicht abschalten will oder kann, sollte sich geeignete Ziele für seine gespannten seelischen Energien suchen. Wenn er oder sie diese Ziele erreicht, ergibt sich das Bedürfnis nach Ruhe und Traumversunkenheit von selbst.

Nicht wenige Menschen im Einfluß des Tierkreiszeichen Krebs besitzen eine erhebliche Angst vor Stillstand. Der eine ist zum Beispiel Handelsvertreter und ist bis auf 30 Tage im Jahr immer unterwegs (und diese 30 Tage sind seine anstrengendsten); eine andere ist Marathonläuferin im ständigen Training; einer baut sich einen Schwingungsmotor ans Bettgestell, damit die (äußere) Bewegung auch nachts nicht endet (»Keep moving!«); und wieder eine wacht nachts in kurzen Abständen immer wieder auf… Daß »Krebse« viel schlafen und sich gern in den Schlaf zurückziehen – wie in den meisten astrologischen Darstellungen des Tierkreiszeichens zu lesen ist –, stimmt zwar, aber nur für die eine Hälfte. Der andere Teil der »Krebse« fürchtet einen allzugroßen Stillstand des »Wagens« mehr als die Anstrengungen eines überaus bewegten Lebens.

Die solchermaßen ruhelosen wie auch die ausgeprägt spannungslosen Varianten des Krebs-Verhalten mögen, jede für sich, eine Sehnsucht nach seelischer Fruchtbarkeit sowie einen Horror vor Beschädigungen der Seele vor Augen haben. Sicher ist, daß beide Pole einander letztlich brauchen, daß sie sich einstweilen jedoch nicht vertragen. Der Schlüssel – und der wichtigste Aspekt der Traumdeutung – besteht für den Krebs insoweit darin: Was auch immer wir tun, wo wir auch gerade stehen mögen, – dieses *ganz* zu tun. Die ganze Person auf Schritt und Tritt mitzubringen und einzusetzen, läßt Träume Wirklichkeit werden. Und wenn ursprüngliche Wünsche erfüllt und urtümliche Ängste erledigt sind (wenigstens einige wichtige), danach erst beginnen die wahren Träume, die einfach und schön – nur Träume sind.

Der Schatz im Silbersee

Die verborgenen Seiten des Mondes sind jedoch nicht nur seine dunklen Aspekte. Was die seelische Eigenständigkeit anbelangt, sind wir zumindest ein Stück weit im Kellergeschoß und im Hinterhof großgeworden. Die Kehrseiten kennen wir insofern, nicht aber die Vorderseiten des Mondes, den Glanz der Seele.

Der Mond bringt in seiner veränderlichen Gestalt die Wandelwelt der Gefühle, Stimmungen, Bedürfnisse usw. also der seelischen Ausdrucksformen zum Vorschein. Hinter diesem sich stets und sichtbar umgestaltenden Vordergrund steht die Seele selbst in ihrer ewiggleichen Substanz. Demnach ist die »dunkle Seite« des Mondes ein anderer Begriff für die Seele selbst, während seine helle, »vordergründige« Seite die wechselhaften Gefühle und Bedürfnisse im einzelnen meint.

Solange nun diese vordere Seite aber die verborgene »andere« Seite im Leben eines Menschen darstellt, so bedeutet dies, daß ihm Unterscheidungsmerkmale für seine konkreten Bedürfnisse und seine naheliegendsten Wünsche fehlen. Wenn die »äußere Form« nur-beliebig bleibt, ist aber die formende, gestaltgebende Kraft der Psyche selbst geschwächt. Die »Vorderseiten« des Mondes stellen gleichsam die Kelche und Schalen bereit, in welchen sich das Wasser der seelischen Quelle auffangen, erfahren und erfassen läßt. Dies bedeutet eine große, keineswegs vordergründige Leistung. Denn damit werden erst die Möglichkeiten geschaffen, Wünsche und Bedürfnisse *Stück für Stück* zu erfüllen und damit überhaupt einzulösen.

Letztlich werden Erfüllung und Befriedigung nur zur Wirklichkeit, wenn *konkrete* Bedürfnisse und *konkrete* Utopien vor Augen schweben. Eben dafür steht der Mond in seiner romantischen und libidinösen Bedeutung. Der Wanderlust und der Wasserkraft der Seele baut er Kanäle. Die hellen Seiten des Mondes aus ihrer Verborgenheit zu befreien, heißt, mit seiner Seele, mit seinen Gefühlen und Bedürfnissen endlich etwas konkret anfangen zu können. Die seelische Energie erhält Wege, Brücken, Wende- und Zielpunkte. Und dies bedeutet symbolisch wie auch ganz materiell-praktisch, daß der Schatz aus dem Silbersee geborgen, weil eingesetzt, werden kann. Wo früher der Mond durchaus eine öde Leere verkörperte, können nun 1001 Blumen blühen.

Traumsymbole des Tierkreiszeichen Krebs

Amphibien: Parallel zur Krebs-Symbolik.

Anonymität: S. Sprachnot.

Auto/»Individualverkehr«: Wie der »Wagen« im Tarot (vgl. S. 62 ff. und S. 135 f.)

Bagger: Typisches Krebs-Symbol wie »Panzer« und »Tank« (s. u.). Gelegentlich auch Symbol des Monströsen (s. »Monster«). Auch: Fundamente freilegen und nach »Grundwasser« graben.

Bauch: Magen und Bauch stehen (wie in anderem Zusammenhang der *Mond*) symbolisch für die Verbindung und den Übergang von »Wille und Gefühl«, von bewußten und unbewußten Bedürfnissen. In den Tarot-Bildern des »Wagen« (S. 58 und 62) ist diese Nahtstelle zwischen (seelischem) »Unter- und Oberhaus« jeweils besonders kritisch und betont. – Über- oder Untergewicht von Bauch, Magen und Nabel in den verschiedenen Aspekten (Körperfülle, Magersucht; Bauchtanz und »Mein Bauch gehört mir«; Nabelschau und Abnabelungsprozesse u. a.) deuten im Tages- wie im Traumgeschehen auf Stärken und Schwächen in der Unterscheidung und Verbindung von »Wille und Gefühl« hin.

Blumen: Traditionelles Symbol der Schönheit und Fruchtbarkeit des Seelenlebens. Insofern allgemein auch Symbol des Tierkreiszeichen Krebs.

Duschen: S. Taufe (S. 38). Im Traum Wunsch nach oder Angst vor seelischer Erneuerung.

Echo: Symbol der Seele. »Rückendeckung/Hintertür« sowie »Anonymität«.

Eigenheim: Im Traum Heimat und Geborgenheit im Sinne einer Vergewisserung der seelischen Eigenständigkeit.

Ei, rohes: Typisches Symbol des Tierkreiszeichen Krebs.

Fee: Seelenwesen. Krebs-Symbol.

Haushalt/Hauswirtschaft: In allen Details im Traum möglicher Spiegel für den Seelenhaushalt.

Haustiere: Gehören u. a. zum Tierkreiszeichen Krebs als Ausdruck von Häuslichkeit, Gemütlichkeit und Natürlichkeit. Vgl. u. »Zurück zur Natur«.

Kaktus: Traditionelles Symbol des Tierkreiszeichen Krebs im Sinne von Haßliebe und sonstigen in sich widersprüchlichen Gefühlen. Verletzende Gefühle, wobei die Verletzung eben aus der Zweideutigkeit der Gefühle folgen kann. Bedürfnisse nach Abgrenzung/Unterscheidung in seelischen Fragen. Vgl. »Verlegenheit«.

Märchenwelt: Wie »Kinderstube« besonders kennzeichnend für die Krebs-Symbolik. Vgl. u. »Puppe«.

Mißbildungen: Wenn es die Seele ist, welche formt und Wachstumsprozesse gestaltet, drücken Mißbildungen im Traum Unsicherheiten, Ängste (möglicherweise aber auch unbekannte Wünsche) in bezug auf die Unversehrtheit der Seele aus. Traumgemäßer Ausdruck von seelischen Wunden oder aber Verwunderungen. Da die *Bedürfnisse* den reinen Gefühlen Halt und Fassung verleihen, zeigen Mißbildungen im Traum auch Ängste oder unbewußte Wünsche, was die konkrete Entfaltung der eigenen Bedürfnisse anbelangt.

Mode/Textilgestaltung: Persönlicher Stil. Maske. Suche nach eigener Formgebung.

Monster: S. Mißbildungen. S. Panzer. S. Mutter und Vater.

Mundart/Dialekt: Im Traum bewahrte Nähe zu oder mangelnde Lösung von seelischer Heimat.

Mutter/Mutter-Kind-Bindung: Erst im letzten Jahrhundert zum Inbegriff von Geborgenheit, Symbiose und seelischer Verklammerung geworden (vgl. »Vater«). Ausdruck der Individualisierung von Gefühlen; selbständige Antworten auf seelische Grundfragen werden im Traum gesucht und gefunden. Das Kind *in* der Frau meldet sich im Traum und braucht Anrede und Antwort.

Nostalgie: Suche nach Heimat. Prozeß der Identifizierung. Unklarheit über aktuelle Bedürfnisse. Abgrenzung von früheren Erfahrungen.

Orient: Traditionell als fremd, eigentümlich, märchenhaft und voller Kostbarkeiten aufgefaßt; taucht oftmals als Symbol für eine ferne, aber reale prachtvolle Seelenlandschaft auf.

Pantomime/Tanz: Selbstausdruck wie Blume (s.o.). S. Schweigen.

Panzer/Tank: Schutzbedürfnis. Verteidigung der seelischen Eigenheiten. Härte. Verselbständigte Bedürfnisse. Abgrenzungsbedarf.

Puppe/n: Mit Puppen zu spielen oder im Puppenhaus zu leben, ist im Traum (von Erwachsenen) oftmals gleichbedeutend mit einer Beheimatung in einer Kinder- und Märchenwelt, d. h. in einer seelischen Sonderwelt. Zu untersuchen ist, in welche Richtung die Traumsequenz geht. Möglicherweise kann sich darin eine Wiederentdeckung »vergessener« Gefühle oder eine Begegnung mit neuartigen Empfindungen ankündigen; unter Umständen aber auch ein fälliger Abschied von behüteten Daseinsformen ohne Eigenleben.

Redeschwall: Wie das Tierkreiszeichen Krebs symbolisch einer Quelle gleicht, so sprudeln nicht selten die Worte unter dem Einfluß dieses Zeichens mühelos und zahlreich hervor. Die Bedeutung der Sprache ist für den Krebs-Typus überaus groß, obwohl (und weil) nicht sie, sondern die Gefühle den primären Stellenwert einnehmen (vgl. S. 67 ff. und 78 ff.). Entscheidend, und das gilt hier auch für die Traumdeutung, ist es, den (persönlichen) *Sinn* der Worte und/oder den Sinn der Redetätigkeit zu untersuchen, – vgl. als Gegensatz und Ergänzung das Stichwort »Sprachnot«.

Reh: Traditionelles Symbol des Tierkreiszeichen Krebs.

Reisen: U. a. Sinnbild der Lebensreise. Reiseziele im Traum: Seelische Neuausrichtung. Flucht- oder Erneuerungstendenzen der Psyche.

Schale/Krug/Kelch: Seele; seelische Fassung; seelische Kapazität; Eigenständigkeit, Autonomie und Immunität in seelischen und Gefühlsdingen.

Scherz/Satire/Ironie: Die Gültigkeit einer »anderen« (oftmals: der seelischen) Logik wird betont. Zu beachten ist, welche Bedürfnisse sich darin ausdrücken.

Schlamm/Sumpf: Mischung von Wasser und Erde. Wichtige »Nahtstelle« von fließenden Gefühlen und faßbaren Bedürfnissen. Ein Gegenbild zur »sauberen Trennung« von emotionaler Betroffenheit und tatsächlichem Verhalten. Positiv: Gefühle und Bedürfnisse (Inhalt und Ausdruck der Seele) stehen in Austausch und formen sich wechselseitig. Negativ: Unentschiedenheit in der Artikulation von seelischen Empfindungen und im Umgang mit emotionalen Anforderungen.

Schlampe/r/Schlampigkeit: Produktion wie auch nachdrückliche Vermeidung von »Schlampereien« stehen in Zusammenhang mit der o.g. Bedeutung von »Schlamm« und »Sumpf«.

Schloß/Burg: Mütterliche (evtl. auch väterliche) Geborgenheit. Seelische Sicherheit. Auch seelische Gefangenschaft. Ausgangs- oder Höhepunkt von seelischer Gewißheit und Selbstidentität.

Schweigen: S. Sprachnot. S. Pantomime.

Selbstgespräche: Typisches Kennzeichen des Tierkreiszeichen Krebs.

Sprachnot: Im Zusammenhang mit dem »Krebs« vor allem als Begriffslosigkeit, Schweigen oder Formulierungsschwierigkeiten; auch »Freudscher Versprecher« (ein scheinbar verkehrtes Wort offenbart den wahren

Sinn einer Mitteilung). Auch als Umkehrung oder als Begleitung zu »Redeschwall« (s. o.). Drückt im Traum und im sonstigen Leben die Aufgabe aus, die eigenen Bedürfnisse deutlicher zu identifizieren, so daß sie verständlicher und besser zu artikulieren sind. Auch: Übermäßige oder gehemmte Aggressionen.

Töpfern: »Kelche« schaffen, Ausdrucksformen für seelische Energien und Bedürfnisse finden. Sich selbst als »Gefäß« im großen Strom des Lebens erfahren und gestalten.

Vater/Vater-Kind-Bindung: Heute seltener im Sinne von Geborgenheit oder seelischer Verankerung. Anders jedoch: »Abrahams Schoß«, Heimat als Vaterstadt und Vaterland usw. Sinn und Bedeutung des Eigenen werden im Traum gesucht oder gefunden. Das Kind *im* Manne meldet sich im Traum und bedarf der Zuwendung und der Auseinandersetzung.

Verlegenheit: Wie »Sprachnot« (s. o.) im ganzen Verhalten.

Versicherung: Bedürfnis nach seelischer Fassung; Abwehr von seelischer Offenheit.

Vetternwirtschaft: Ausdruck des Familiensinnes des Krebs mit positiven und negativen Aspekten. Auch: Vermeidung des (seelisch) Anderen. (Verstecktes) Bedürfnis nach dem Eigen-Sinn.

Wünschelrute: Seelisches Gespür. Suche nach dem »Weg der Wünsche«.

Zankehe: Traditionelles Symbol des Tierkreiszeichen Krebs.

»Zurück zur Natur«: Vorwärts zur Quelle, zu den Beweggründen; s. »Blume«.

Vorschläge zur Traumbeobachtung

Für das selbständige Verständnis Ihrer Träume (und wenn es nötig ist: auch für die Distanz zu ihnen) sollen folgende Tips und Regeln vorgeschlagen werden.

Alles ist wichtig, so lautet ein erster Grundsatz. Aufmerksam jedes Detail, jeden Zusammenhang beachten. Woran erinnern Sie sich nach dem Traum? Was fühlen Sie im Moment des Gewahrwerdens? Vergessen Sie erst einmal jede Bewertung. Hauptsache, Sie sehen in Ihrer Vorstellung einigermaßen das vor sich, wovon Sie wohl geträumt haben. Hauptsache, Ihr Gefühl und Ihre Empfindungen finden im halb- oder ganzwachen Zustand die Bilder, Eindrücke und Abläufe aus Ihren Träumen wieder.

Führen Sie die Kamera. Sobald Sie Ihre Traumbilder genügend deutlich vor Ihrem geistigen Auge sehen, gehen Sie in die einzelnen Bilder hinein. Stellen Sie sich vor, Sie seien ein Beleuchter, der eine Szene nach unterschiedlichen Richtungen ausleuchtet, oder eine Kamerafrau, die die Szene nacheinander von mehreren Standpunkten aus betrachten kann.

Achten Sie auf Ihre Beobachtungen. Oft passieren in einer Traumsequenz mehrere Handlungen zugleich. Unterschiedliche Argumente, Ereignisse, Gefühle und Taten können gleichzeitig wirken. Versuchen Sie zu unterscheiden. Halten Sie fest, was für Sie wichtig erscheint.

Seien Sie ehrlich sich selber gegenüber. Legen Sie sich Zeugnis davon ab, was Sie im Traum gesagt und getan, gespürt und gedacht haben. Alles ist wichtig. Keine/r kennt Ihren Traum außer Ihnen. Stellen Sie für sich fest, was (Traum-)Sache ist.

Drücken Sie den Ablauf eines Traumes in Ihren Worten aus. Sagen (oder schreiben) Sie sich in Worten und Sätzen die Traumgeschichte auf. Wenn es sein muß, kurz. Aber verzichten Sie nicht darauf.

Speichern Sie Ihren Traum. Merken Sie sich nun Ihren Traum mit seinen Bildern und Eindrücken, mit seinen verschiedenen Szenen und Ihren Beobachtungen. Merken Sie sich die Traumgeschichte, wie Sie sich auch eine Einkaufsliste merken.

Legen Sie Abstand zu Ihrem Traum ein. Sie kennen jetzt Ihren Traum. Stellen Sie sich vor, irgendein guter Freund oder eine gute Freundin hätte ihn just Ihnen erzählt. Wie würden Sie darüber urteilen? Was denken Sie, und was tun Sie unterdessen?

Sammeln Sie Ideen zur Bewertung. Bevor Sie den Traum bewerten, sammeln Sie Ideen, welche Bedeutungen hier vernünftiger- und verrückterweise zutreffen können.

Versuchen Sie die Logik oder Unlogik zu verstehen. Wenn der Traum insgesamt – mit seinen verschiedenen Teilen, Brüchen oder Widersprüchen – einen Sinn oder auch einen bestimmten Unsinn darstellen soll, worin kann diese Logik oder Unlogik bestehen?

Entscheiden Sie sich für eine geeignete Interpretation. Kommen Sie zu einer Entscheidung. Was unklar bleibt, darf unklar bleiben. Nur merken sollten Sie sich dieses. Gibt es mehrere stimmige Interpretationen, merken Sie sich diese Stück für Stück, und legen Sie Ihre nächsten Schritte fest.

Sagen Sie sich Ihre Interpretation. Leise oder laut – sprechen Sie ihr Urteil unzweideutig aus.

Stellen Sie (zwei) Aufgaben fest, die sich aus der Interpretation ergeben. Formulieren Sie diese Aufgaben unmißverständlich für sich und beginnen Sie mit der Erledigung.

Geben Sie sich Rechenschaft. Legen Sie sich regelmäßig Rechenschaft ab – über Ihre Traumbilder und Ihre Beobachtungen dazu. Über Ihre Interpretationen (Bedeutungsvorstellungen) und die Erledigung Ihrer persönlichen Aufgaben.

Beziehen Sie sich auf die Reaktionen von Mitmenschen. Vergegenwärtigen Sie sich Reaktionen von anderen auf Ihr Verhalten. Lassen Sie diese gelten und beziehen Sie sie in Ihre Selbst-Rechenschaft mit ein.

**Beziehen Sie sich auf Ihre sonstigen Träume und Über-
zeugungen.** Beziehen Sie sich bei Interpretation, An-
wendung und Überprüfung (Rechenschaft) auf Ihre
früheren oder sonstigen Auffassungen.

Beziehen Sie sich auf Ihre Wünsche und Ängste. Leiden
Sie und lachen Sie. Es tut gut, wenn man fühlt, warum
man träumt: Um aus voller Seele Freude an sich zu
empfinden.

Weitere Hinweise

Umkehrungen und Vertauschungen gehören generell
zum Traumgeschehen. Sie bedeuten, daß jeder erdenk-
liche Zusammenhang in verkehrter Proportion, in ver-
tauschter Abfolge oder verwechselter Wirkungsrich-
tung auftauchen kann. Der Täter erscheint z. B. als
Opfer, oder der Mittelpunkt am Rande, der Hintergrund im Vordergrund, die Zukunft in der Vergangenheit usw. Eine bekannte Szenerie nimmt eine völlig unbekannte Bedeutung an – Vertrautes findet unter un-
möglichen Umständen statt usw. usw.

Personentausch ist ein zentrales Element der Traumbil-
dung. Jede Person, die im Traum auftritt, kann
- die sein, für die sie sich ausgibt bzw. als die sie im
  Traum angesehen wird, oder
- eine Darstellungsform der eigenen Person der Träu-
  merin oder des Träumers sein oder
- eine dritte Person vertreten oder
- etwas Unpersönliches verkörpern.

Selbst wenn diese Person im Traum ein bekannter Mitmensch ist (Partnerin, Kind, Kollege), kann diese Traumperson dennoch eine Art Verkleidung für die Person der/des Träumenden sein oder an jemand ganz anderen erinnern oder Unpersönliches – z. B. eine Idee – zur Vorstellung bringen.

Personalauswahl. Achten Sie einmal darauf, über eine gewisse Zeit hinweg, wer in Ihren Träumen erscheint. – Sehen Sie sich selbst in voller Lebensgröße in Ihren Träumen? – Wenn sich in Träumen Unangenehmes häuft, wer tritt dabei vorzugsweise auf? Wenn Schönes im Traum geschieht, welche Personen sind da?

Zeitverschiebung. Jede/r kann sich selbst als Kind, Erwachsene/r oder Greis/in im Traum begegnen. Jedes Alter kann der Gegenwart im Traum entsprechen.

Ortsveränderung. Jede/r kann sich an jedem Ort, von dem er/sie überhaupt Kenntnis hat, im Traum wiederfinden. Jeder Ort im Traum kann symbolisch der tatsächlichen Lage und dem momentanen Standpunkt der/des Träumers/in entsprechen.

Belebung von Unbelebtem. Was die Märchen und der Computer-Bildschirm können – Unbelebtes zum Leben animieren, das machen die Träume wie selbstverständlich auch. Dinge sprechen oder schweigen beredt. Räume erzeugen Spannungsfiguren usw. Ferner hängt mit der Animation von Unbelebtem auch eine Auflösung der üblichen Eigenschaftsmerkmale zusammen. Farben erzeugen dann z. B. Klänge, Worte verströmen Gerüche, Pferde beginnen zu fliegen, Fische zu laufen und Vögel zu schwimmen.

Der Zauberbann der Seele

Der Krebs im Spiegel des Märchens

Aus der Sammlung der Brüder Jacob und Wilhelm Grimm wurden im folgenden die Märchen »Jorinde und Joringel« sowie »Brüderchen und Schwesterchen« ausgewählt, weil darin interessante Parallelen und Ergänzungen zur Krebs-Symbolik in Astrologie, Tarot und Traumdeutung enthalten sind. Die Grimm'schen Märchen sind den meisten Menschen unseres Sprachgebiets bekannt; sie werden in der vorliegenden Buchreihe deshalb für die Märchendeutung exemplarisch herangezogen.

Die »Kinder- und Hausmärchen« der Brüder Grimm erschienen erstmals 1812–1814. Das ist etwa die Zeit, in welcher Goethes »Faust« (1. Teil) und E. T. A. Hoffmanns »Elixiere des Teufels« veröffentlicht wurden. Der Titel »Kinder- und Hausmärchen« ist manchmal im Sinne der Harmlosigkeit mißverstanden worden. Es stimmt sicherlich, daß die Brüder Grimm einige der Märchen, die sie aus mündlicher Überlieferung gesammelt hatten, bearbeiteten, »anstößige« Stellen entfernten und den einen oder anderen frommen Spruch hinzusetzten. Das soll nicht verschwiegen werden; doch dies ist nur ein Aspekt.

Der Titel muß auch so verstanden werden, daß mit der Märchensammlung erstmals »Kinderträume und Hausintimitäten« eine literarische und sprachliche Bedeutung erhielten. Wie das Volk zur gleichen Zeit um seine Rechte und die Deutschen um ihre nationale Existenz kämpften, so drückt das Lebenswerk der Brüder Grimm auch ein *Ringen um* »*Luft*«, um freien Atem und freie Rede aus. Dafür nahmen die »Märchenonkel« z. B. in Kauf, daß sie wegen Teilnahme am Protest der »Göttinger Sieben« amtsenthoben und ausgewiesen wurden.

Märchen, bis dato nicht druckfähig und in der Schriftwelt daher *sprachlos*, bekamen nun ein Sprachrohr. Wie die einfachen Stände zunehmend Bildung und Wissenschaft für sich einforderten und erwarben, so war die Sammlung und Veröffentlichung der Märchen *auch* ein Akt der Emanzipation.

Der Grund für die Begeisterung, die heute Erwachsene mit Märchen empfinden, liegt wohl besonders darin, daß Märchen eine Form der Psychologie darstellen, bei der man selbst betroffen sein und innerlich miterleben kann – auch und gerade in seelischen Fragen, bei denen wir noch in den »*Kinder- und Hausschuhen*« stecken. Märchen schlagen eine Brücke in die Zeit zurück, die im Sinne der Schrift- und Kulturwelt sprachlos war. Dieser Zusammenhang gilt für die Geschichte der Gesellschaft, aber ebenso für den persönlichen Entwicklungsweg. Auch persönlich gab es und gibt es »sprachlose« Zeiten, und in diese und durch diese begleiten uns die Märchen.

Begriffsnot

Die Sprachlosigkeit besteht im Zusammenhang der Krebs-Symbolik vor allem in einer Begriffslosigkeit, d. h. in der Schwierigkeit, Erlebnisse und Erfahrungen so zu benennen, daß sie nach Einheit und Unterschied deutlich werden. Es ist tatsächlich so, daß der Krebs in seiner Nähe zu Instinkten und seelischen Grunderfahrungen zwar leicht Eindrücke sammelt (und dabei Worte und Klänge speichert), daß er aber lange braucht, bis er ihren Sinn versteht und bis er sich in seiner unverwechselbaren Eigenart Gehör verschaffen kann. Der »Krebs« muß sich aus seelischen Bindungen befreien, ehe er zu eigenen Ausdrucksformen findet, in welchen er sich selbst darstellen und mitteilen kann.

Um diesen Entwicklungsweg geht es in beiden folgenden Märchen. Schon die Titel weisen auf eine gewisse Begriffsnot hin: »Jorinde und Joringel« – die Namen sind fast identisch; die Personen voneinander abzugrenzen, fällt dadurch schwer. (»Wer war denn Joringel? War dies das Mädchen oder der Junge?«) Eine ähnliche Verquickung oder Symbiose verkörpern »Brüderchen und Schwesterchen«.

Der Krebs-Monat weist den in diesen Zusammenhang ebenfalls bezeichnenden Feiertag von »Peter und Paul« (29.6.) auf. Das Tierkreiszeichen Krebs folgt im Jahreskreis auf das der Zwillinge. Die Verdoppelung, die sich im Zwillings-Symbol ausdrückt, setzt sich im Zeichen des Krebs fort und führt im Idealfall zur seelischen Geburt, zur Entdeckung der persönlichen Eigenart. Bis diese aber im Ergebnis vorliegt, solange hat der Krebs von den Zwillingen zwar die vielfältigsten Bezeichnungen und Informationen geerbt; aber erst einmal weiß er nichts für sich damit anzufangen, versteht nicht, was diese Zeichen und Mitteilungen ihm für sein Schicksal helfen können.

Jorinde und Joringel

Es war einmal ein altes Schloß mitten in einem großen dik-
ken Wald, darinnen wohnte eine alte Frau ganz allein, das
war eine Erzzauberin. Am Tage machte sie sich zur Katze
oder zur Nachteule, des Abends aber wurde sie wieder or-
dentlich wie ein Mensch gestaltet. Sie konnte das Wild
und die Vögel herbeilocken, und dann schlachtete sie,
kochte und briet es. Wenn jemand auf hundert Schritte
dem Schloß nahekam, so mußte er stillestehen und konnte
sich nicht von der Stelle bewegen, bis sie ihn lossprach;
wenn aber eine keusche Jungfrau in diesen Kreis kam, so
verwandelte sie dieselbe in einen Vogel und sperrte sie
dann in einen Korb ein und trug den Korb in eine Kammer
des Schlosses. Sie hatte wohl siebentausend solcher Körbe
mit so raren Vögeln im Schlosse.

Nun war einmal eine Jungfrau, die hieß Jorinde; sie war
schöner als alle andern Mädchen. Die und dann ein gar
schöner Jüngling, namens Joringel, hatten sich zusammen
versprochen. Sie waren in den Brauttagen, und sie hatten
ihr größtes Vergnügen eins am andern. Damit sie nun
einstmalen vertraut zusammen reden könnten, gingen sie
in den Wald spazieren. »Hüte dich«, sagte Joringel, »daß
du nicht so nahe ans Schloß kommst.« Es war ein schöner
Abend, die Sonne schien zwischen den Stämmen der
Bäume hell ins dunkle Grün des Waldes, und die Turtel-
taube sang kläglich auf den alten Maibuchen.

Jorinde weinte zuweilen, setzte sich hin im Sonnen-
schein und klagte; Joringel klagte auch. Sie waren so bestürzt, als wenn sie hätten sterben sollen; sie sahen sich
um, waren irre und wußten nicht, wohin sie nach Hause
gehen sollten. Noch halb stand die Sonne über dem Berg,
und halb war sie unter. Joringel sah durchs Gebüsch und

sah die alte Mauer des Schlosses nah bei sich; er erschrak und wurde todbang. Jorinde sang:

> »Mein Vöglein mit dem Ringlein rot
> Singt Leide, Leide, Leide:
> Es singt dem Täubelein seinen Tod,
> Singt Leide, Lei – zicküth, zicküth, zicküth.«

Joringel sah nach Jorinde. Jorinde war in eine Nachtigall verwandelt, die sang: »Zicküth, zicküth.« Eine Nachteule mit glühenden Augen flog dreimal um sie herum und schrie dreimal: »Schu, hu, hu, hu.« Joringel konnte sich nicht regen: er stand da wie ein Stein, konnte nicht weinen, nicht reden, nicht Hand noch Fuß regen. Nun war die Sonne unter: die Eule flog in einen Strauch, und gleich darauf kam eine alte, krumme Frau aus diesem hervor, gelb und mager: große rote Augen, krumme Nase, die mit der Spitze ans Kinn reichte. Sie murmelte, fing die Nachtigall und trug sie auf der Hand fort. Joringel konnte nichts sagen, nicht von der Stelle kommen; die Nachtigall war fort. Endlich kam das Weib wieder und sagte mit dumpfer Stimme: »Grüß dich, Zachiel, wenn's Möndel ins Körbel scheint, bind los, Zachiel, zu guter Stund.« Da wurde Joringel los. Er fiel vor dem Weibe auf die Knie und bat, sie möchte ihm seine Jorinde wiedergeben; aber sie sagte, er sollte sie nie wieder haben, und ging fort. Er rief, er weinte, er jammerte, aber alles umsonst. »Uu, was soll mir geschehen?« Joringel ging fort und kam endlich in ein fremdes Dorf, da hütete er die Schafe lange Zeit. Oft ging er rund um das Schloß herum, aber nicht zu nahe dabei.

Endlich träumte er einmal des Nachts, er fände eine blutrote Blume, in deren Mitte eine schöne, große Perle war. Die Blume brach er ab, ging damit zum Schlosse: al-

les, was er mit der Blume berührte, ward von der Zauberei
frei; auch träumte er, er hätte seine Jorinde dadurch wieder bekommen. Des Morgens, als er erwachte, fing er an,
durch Berg und Tal zu suchen, ob er eine solche Blume
fände. Er suchte bis an den neunten Tag, da fand er die
blutrote Blume am Morgen früh. In der Mitte war ein großer Tautropfen, so groß wie die schönste Perle. Diese
Blume trug er Tag und Nacht bis zum Schloß. Wie er auf
hundert Schritt nahe bis zum Schloß kam, da ward er nicht
fest, sondern ging fort bis ans Tor. Joringel freute sich
hoch, berührte die Pforte mit der Blume, und sie sprang
auf. Er ging hinein durch den Hof, horchte, wo er die vielen Vögel vernähme: endlich hörte er's. Er ging und fand
den Saal, darauf war die Zauberin und fütterte die Vögel
in den siebentausend Körben.

Wie sie den Joringel sah, ward sie bös, sehr bös, schalt,
spie Gift und Galle gegen ihn aus, aber sie konnte auf zwei
Schritte nicht an ihn kommen. Er kehrte sich nicht an sie
und ging, besah die Körbe mit den Vögeln, wie sollte er
nun seine Jorinde wieder finden? Indem er so zusah,
merkte er, daß die Alte heimlich ein Körbchen mit einem
Vogel wegnahm und damit nach der Türe ging. Flugs
sprang er hinzu, berührte das Körbchen mit der Blume
und auch das alte Weib. Nun konnte sie nichts mehr zau-
bern, und Jorinde stand da, hatte ihn um den Hals gefaßt,
so schön, wie sie ehemals war. Da machte er auch alle die
andern Vögel wieder zu Jungfrauen, und da ging er mit
seiner Jorinde nach Hause, und sie lebten lange vergnügt
zusammen.

Im Zeichen des Mondes

Nicht jedes Märchen *muß* zu der Symbolik *eines* Tierkreiszeichen in besonderer Beziehung stehen. Aber hier, bei Jorinde und Joringel, erleichtert die Kenntnis der Krebs-Symbolik die Texterschließung sehr. Das Schloß ist ein Symbol der (mütterlichen) Umschlossenheit; der Wald vertritt das persönliche oder das kollektive Unbewußte; darin herrscht eine fremde oder feindliche Macht, die hier als eine Erzzauberin vorgestellt wird. Soweit stellt dies einen Rahmen dar, der für viele Märchenhandlungen gilt. Was nun die Deutung auf die Symbolik des »Krebs« lenkt, sind die folgenden Motive. Erst *abends* wird die alte Frau zum Mensch. Der »Krebs« wird im Lichte der Nacht geboren und ist aufgrund seiner Charakteristik einstweilen zu jeder Tageszeit ein Nachtmensch. Die »alte krumme Frau«, wie die Zauberin im Text u. a. heißt, ist zugleich eine Beschreibung der Mondsichel, der Regentin des Tierkreiszeichen Krebs. Der Moment der Verzauberung der Jorinde liegt nun an einem »schönen Abend«, »die Sonne schien zwischen den Stämmen der Bäume *hell ins dunkle* Grün des Waldes«. Dieser Beschreibung entspricht die Situation der Sommersonnenwende – einer »schönen« Jahreszeit, in welcher eine helle Sonne in dunkle Tiefen scheint und ein starker Kontrast zwischen Licht und Schatten entsteht.

Idylle als Abgrund

Jorinde und Joringel sind »bestürzt«: Gerade in dem Moment, wo sie eine Idylle erleben, »stürzen« sie ab, »als wenn sie hätten sterben sollen«. Scheinbar unerfindlich verlieren sie sich selbst, gerade wenn es schön wird. Sie fühlen sich »irre« und »wußten nicht, wohin sie nach Hause gehen sollten«.

Von diesem Augenblick der Verzweiflung heißt es: »Noch halb stand die Sonne über dem Berg, und halb war sie unter.« In diesem Halb-und-halb ist wiederum eine Entsprechung zum Krebs enthalten, der halb auf dem Land und halb im Wasser lebt. Es bezeichnet auch den Zustand der beiden Brautleute Jorinde und Joringel, die sich gleichsam erst zur Hälfte kennen. Und es beschreibt eine seelische Übergangssituation, in welcher eine alte seelische Heimat verloren und ein neues Zuhause noch nicht gefunden ist.

Für das Tierkreiszeichen Krebs ist es sehr wichtig nachzuempfinden, daß die Idylle weder gleichbedeutend mit Abgrund, noch daß sie die Ursache des Absturzes ist. Vielmehr ist es eine Leistung, eine besondere Begabung des Krebses, seine Gefühle *zur Gänze* zu besitzen. Dadurch treibt es den Krebs, gerade wenn es ihm gut geht, »durchs Gebüsch zu schauen« wie der Text das nennt. Das heißt, er schaut nach, welche Gefühle ihm noch fehlen oder verschlossen sind. Indem er sich mit allen seinen Gefühlen befaßt, entwickelt sich der Krebs zur reifen, individuellen Persönlichkeit. Dabei gibt es immer wieder Übergangssituationen, in welchen er sein altes Schutzgehäuse verloren und ein neues noch nicht gefunden hat, in welchen er also besonders hilf- und schutzbedürftig ist. Je weiter der Krebs auf dem Weg seiner Selbstwerdung voranschreitet, desto leichter – aus Erfahrung – werden ihm diese Phasen der Wandlung und des besonderen Wachstums.

Aber gerade in der Jugend, am Ende der Jugend (eine Zeitangabe, die hier für die seelische Entwicklung gilt und sich, was das »offizielle« Alter angeht, auf jeden Lebensabschnitt beziehen kann), treffen irgendwann Licht und Schatten in der Seele der / des einzelnen zusammen, *ohne* daß er oder sie bereits eine Persönlichkeit entwickelt hätte, die stabil und gefaßt genug wäre, diese divergierenden Gefühle zur gleichen Zeit aufzufangen und zu verarbeiten. Dies ist kein Betriebsunfall der Persönlichkeitsentwicklung, sondern bis zu einem gewissen Grade unvermeidlich und notwendig, wenn man jemals seine eigenen Gefühle besitzen und nicht in seelischer Gefangenschaft oder Abhängigkeit leben möchte.

Allerdings macht es einen großen Unterschied aus, ob man mit Wissen und Vorbereitung – und dadurch mit einer Portion Gelassenheit – sich auf entsprechende Erfahrungen einstellt oder nicht. Eine solche Hilfe besitzen Jorinde und Joringel nicht, oder? Die »alte, krumme Frau« wird als »gelb und mager« beschrieben. Die alte Zauberin, die Macht der alten Seelenkräfte ist neidisch und mißgünstig gegen die Jungen. Ungewollt oder gewollt gibt die Alte jedoch eine Hilfestellung durch ihren rätselhaften Zauberspruch.

Verzauberung…

Joringel muß stillhalten, und Jorinde wird in einen Vogel verwandelt. Der (gezähmte oder gefangene) Vogel als Seelensymbol ist aus vielen Märchen und Mythen bekannt. Jorinde bleibt in der Macht der Alten und Joringel geht nach dem Neuen suchen.

Damit kann eine psychische Arbeitsteilung zwischen zwei Menschen in einer Beziehung gemeint sein. Genauso gilt die Interpretation, daß alle im Märchen vorkommenden Gestalten verschiedene Aspekte *einer* Persönlichkeit in ihrer Entwicklung zeigen.

Jorinde wäre, so gesehen, eine junge Frau, durch und durch eine gefühlvolle und hochfliegende Seele, die noch in der Obhut und der Gewalt einer mütterlichen Vorherrschaft lebt und die mit ihrer Tatkraft und ihrer Selbständigkeit (welche durch Joringel symbolisiert werden) einstweilen noch nichts anzufangen weiß. Joringel wäre entsprechend ein junger Mann, der mit seiner Seele noch nicht viel anfangen kann, die ihm daher wie »verhext« erscheint. Ein Fassungsvermögen für die neuen, d.h. seine eigenen Seelenkräfte bietet einstweilen nur der Korb der Alten. Dieser bedeutet zwar eine Gefangenschaft, aber auch mehr. Der Vogel im Korb der Alten ist nichts anderes als neuer Wein in alten Schläuchen oder, anders ausgedrückt, der Keim, das Stückchen Andersartigkeit, das in eine Muschel eingepflanzt diese zur Bildung einer Perle anregt.

Die Muttermuschel oder Perlmutter in der Natur schließt einen Fremdkörper, der in ihr Reich gedrungen ist, vollständig ein, kapselt ihn in sich ab, »überzuckert« ihn gleichsam, indem sie ihn mit Perlmut überzieht, bis daraus schließlich eine glänzende Perle geworden ist. Die Stärken von Jorinde und Joringel bestehen darin, daß sie die Macht der Perlmutter nicht eher aufheben, als bis die Perle herangewachsen ist; daß sie dann aber auch nicht zögern, die reife Perle zu befreien.

Der Junge findet seine Perle im Traum und im Tautropfen, das heißt in seinen Gefühlen, den Tränen der Nacht und im Tau der Erlösung. Parallel zur Entwicklung des Jungen bildet sich das Mädchen zur Perle heran, weil es am »Eigenen« im Anderen festhält; was v. a. heißt, daß sie sich als eigene Seele treu bleibt. – Wie die Perle in der mütterlichen Umschlossenheit heranwächst, dies wiederum findet seine äußere Parallele in den häufigen Umkreisungen, die Joringel als Schäfer um das Schloß zurücklegt. Damit zieht er einen eigenen Kreis, und wenn dieser genügend stabil ist, sind beide nicht mehr auf den Korb der alten Seelenkräfte angewiesen. Sie haben eigene seelische Fassungskräfte, eigene Kapazitäten aufgebaut. Dies zeigt auch die rote Blume, Symbol erblühter (leidenschaftlicher) Seelenkräfte, die nun die Perle zu tragen und zu bewahren verstehen. Jetzt können die seelischen Kräfte sich unmittelbar nützlich machen. Die einfache Berührung mit der Blume, d. h. das Geltendmachen der autonomen Seelenkräfte reicht, dafür zu sorgen, daß die Erzzauberin der Geschichte angehört. Der Bann wird gebrochen.

... und Lossprechung

Einen eigenen Korb oder Kelch zu besitzen (bzw. zu begreifen, daß man einen solchen schon längst besitzt), ist die Lösung, welche auch in dem Rätsel- und Zauberspruch der alten Frau angegeben wird: »Grüß dich, Zachiel, wenn's Möndel ins Körbel scheint, bind los, Zachiel, zu guter Stund.« Wenn der Mond (Möndel) mit all seinen Licht- und Schattenseiten Aufnahme im eigenen Körbel (Korb, Kelch) findet, dann – in dieser guten Stunde – soll die Bindung gelöst werden. (Der Name Zachiel ist dabei sehr aufschlußreich. Dazu mehr auf Seite 133 ff.)

Die Lossprechung erteilen Jorinde und Joringel sich selbst, indem sie sich von alten seelischen Bindungen mit Gründlichkeit und Ausdauer befreien. Eine Los-

sprechung gibt ihnen aber sogar die alte Frau. Lossprechung heißt ja auch, jemandem sein Los, sein Schicksal
zu sagen. Und die alte Zauberin hat ihnen in ihrem
Spruch sowohl ihr Schicksal aufgezeigt wie auch ihr altes Wissen zur Lösung der neuen Seelenkräfte weiterge-
geben oder zumindest benannt.

»Lossprechung« nennt sich in vielen Gewerben auch
die Entlassung der Auszubildenden ins Gesellen- bzw.
Gesellinnendasein. Sie ist die profane, weltliche Entsprechung der religiösen Taufe. Und diese vollzieht sich
für Jung und Alt Jahr für Jahr symbolisch zur Zeit der
Sommersonnenwende, im Zeichen des Krebses.

Jorinde und Joringel aber gehen *nach Hause*, ihrem
persönlichen Zuhause, welches der Märchentext jetzt
als selbstverständlich vorhanden annehmen kann, obwohl vorher nichts dringlicher gefehlt hat.

Dasgleiche umgekehrt

Es folgt nun das Märchen von »Brüderchen und Schwesterchen«. Hier finden wir dasgleiche wie bei »Jorinde
und Joringel«, nur umgekehrt.

Das Gleiche besteht darin, daß es auch hier um den
Zauber und den Bann der Seele geht. Durch die Symbole Quelle und Reh (aber auch durch das Thema der
Mutter-Kind-Bindung, das Symbol des Bades und anderes mehr) kommt die Krebs-Symbolik wiederum unmittelbar zur Geltung. Auch die Szene am Anfang der
Geschichte, wo die Sonne so hoch steht, daß sie in einen
hohlen Baum scheinen kann, ist nichts anderes als wieder ein Bild oder eine Entsprechung für die spezielle Situation in der Zeit der Sommersonnenwende.

Brüderchen und Schwesterchen

Brüderchen nahm sein Schwesterchen an der Hand und sprach: »Seit die Mutter tot ist, haben wir keine gute Stunde mehr; die Stiefmutter schlägt uns alle Tage, und wenn wir zu ihr kommen, stößt sie uns mit den Füßen fort. Die harten Brotkrusten, die übrigbleiben, sind unsere Speise, und dem Hündlein unter dem Tisch geht's besser: dem wirft sie doch manchmal einen guten Bissen zu. Daß Gott erbarm, wenn das unsere Mutter wüßte! Komm, wir wollen miteinander in die weite Welt gehen.« Sie gingen den ganzen Tag über Wiesen, Felder und Steine, und wenn es regnete, sprach das Schwesterchen: »Gott und unsere Herzen, die weinen zusammen!« Abends kamen sie in einen großen Wald und waren so müde von Jammer, Hunger und dem langen Weg, daß sie sich in einen hohlen Baum setzten und einschliefen.

Am anderen Morgen, als sie aufwachten, stand die Sonne schon hoch am Himmel und schien heiß in den Baum hinein. Da sprach das Brüderchen: »Schwesterchen, mich dürstet; wenn ich ein Brünnlein wüßte, ich ging und tränk einmal; ich mein, ich hört eins rauschen.« Brüderchen stand auf, nahm Schwesterchen an der Hand, und sie wollten das Brünnlein suchen. Die böse Stiefmutter aber war eine Hexe und hatte wohl gesehen, wie die beiden Kinder fortgegangen waren, war ihnen nachgeschlichen, heimlich, wie die Hexen schleichen, und hatte alle Brunnen im Walde verwünscht. Als sie nun ein Brünnlein fanden, das so glitzerig über die Steine sprang, wolle das Brüderchen daraus trinken; aber das Schwesterchen hörte, wie es im Rauschen sprach: »Wer aus mir trinkt, wird ein Tiger; wer aus mir trinkt, wird ein Tiger.« Da rief das Schwesterchen: »Ich bitte dich, Brüderchen, trink

nicht, sonst wirst du ein wildes Tier und zerreißest mich.«
Das Brüderchen trank nicht, ob es gleich so großen Durst
hatte, und sprach: »Ich will warten bis zur nächsten
Quelle.« Als sie zum zweiten Brünnlein kamen, hörte das
Schwesterchen, wie auch dieses sprach: »Wer aus mir
trinkt, wird ein Wolf; wer aus mir trinkt, wird ein Wolf.«
Da rief das Schwesterchen: »Brüderchen, ich bitte dich,
trink nicht, sonst wirst du ein Wolf und frissest mich.« Das
Brüderchen trank nicht und sprach: »Ich will warten, bis
wir zur nächsten Quelle kommen, aber dann muß ich trinken, du magst sagen, was du willst, mein Durst ist gar zu
groß.« Und als sie zum dritten Brünnlein kamen, hörte
das Schwesterlein, wie es im Rauschen sprach: »Wer aus
mir trinkt, wird ein Reh; wer aus mir trinkt, wird ein
Reh.« Das Schwesterchen sprach: »Ach Brüderchen, ich
bitte dich, trink nicht, sonst wirst du ein Reh und läufst
mir fort.« Aber das Brüderchen hatte sich gleich beim
Brünnlein niedergekniet, hinabgebeugt und von dem Wasser getrunken, und wie die ersten Tropfen auf seine Lippen
gekommen waren, lag es da als ein Rehkälbchen.

Nun weinte das Schwesterchen über das arme ver-
wünschte Brüderchen, und das Rehchen weinte auch und
saß so traurig neben ihm. Da sprach das Mädchen endlich: »Sei still, liebes Rehchen, ich will dich ja nimmermehr verlassen.« Dann band es sein goldenes Strumpf-
band ab und tat es dem Rehchen um den Hals und rupfte
Binsen und flocht ein weiches Seil daraus. Daran band es
das Tierchen und führte es weiter und ging immer tiefer in
den Wald hinein. Und als sie lange gegangen waren, kamen sie endlich an ein kleines Haus, und das Mädchen
schaute hinein, und weil es leer war, dachte es: Hier können wir bleiben und wohnen. Da suchte es dem Rehchen
Laub und Moos zu einem weichen Lager, und jeden Mor-

gen ging es aus und sammelte sich Wurzeln, Beeren und Nüsse, und für das Rehchen brachte es zartes Gras mit, das fraß es ihm aus der Hand, war vergnügt und spielte vor ihm herum. Abends wenn Schwesterchen müde war und sein Gebet gesagt hatte, legte es seinen Kopf auf den Rücken des Rehkälbchens, das war sein Kissen, darauf es sanft einschlief. Und hätte das Brüderchen nur seine menschliche Gestalt gehabt, es wäre ein herrliches Leben gewesen.

Das dauerte eine Zeitlang, daß sie so allein in der Wildnis waren. Es trug sich aber zu, daß der König des Landes eine große Jagd in dem Wald hielt. Da schallte das Hörnerblasen, Hundegebell und das lustige Geschrei der Jäger durch die Bäume, und das Rehlein hörte es und wäre gar zu gerne dabeigewesen. »Ach«, sprach es zum Schwesterchen, »laß mich hinaus in die Jagd, ich kann's nicht länger mehr aushalten«, und bat so lange, bis es einwilligte. »Aber«, sprach es zu ihm, »komm mir ja abends wieder, vor den wilden Jägern schließ ich mein Türlein; und damit ich dich kenne, so klopf und sprich: Mein Schwesterlein, laß mich herein! Und wenn du nicht so sprichst, so schließ ich mein Türlein nicht auf.« Nun sprang das Rehchen hinaus, und war ihm so wohl und war so lustig in freier Luft. Der König und seine Jäger sahen das schöne Tier und setzten ihm nach, aber sie konnten es nicht einholen, und wenn sie meinten, sie hätten es gewiß, da sprang es über das Gebüsch weg und war verschwunden. Als es dunkel ward, lief es zu dem Häuschen, klopfte und sprach: »Mein Schwesterlein, laß mich herein.« Da ward ihm die kleine Tür aufgetan, es sprang hinein und ruhte sich die ganze Nacht auf seinem weichen Lager aus. Am anderen Morgen ging die Jagd von neuem an, und als das Rehlein wieder das Hifthorn hörte und das Hoho der Jäger, da hatte es keine Ruhe und sprach: »Schwesterchen, mach mir auf, ich muß hinaus.« Das Schwesterchen öffnete ihm die Türe und sprach: »Aber zu Abend mußt du wieder da sein und dein Sprüchlein sagen.« Als der König und sein Jäger das Rehlein mit dem goldenen Halsband wieder sahen, jagten sie ihm alle nach, aber es war ihnen zu schnell und behend. Das währte den ganzen Tag, endlich aber hatten es die Jäger abends umzingelt, und einer verwundete es ein wenig am Fuß, so daß es hinken mußte und langsam fortlief. Da schlich ihm ein Jäger nach bis zu dem Häuschen und hörte, wie es rief: »Mein Schwesterlein, laß mich herein«, und sah, daß die Tür ihm aufgetan und alsbald wieder zugeschlossen ward. Der Jäger behielt das alles wohl im Sinn, ging zum König und erzählte ihm, was er gesehen und gehört hatte. Da sprach der König: »Morgen soll noch einmal gejagt werden.«

Das Schwesterchen aber erschrak gewaltig, als es sah, daß sein Rehkälbchen verwundet war. Es wusch ihm das Blut ab, legte Kräuter auf und sprach: »Geh auf dein Lager, lieb Rehchen, daß du wieder heil wirst.« Die Wunde aber war so gering, daß das Rehchen am Morgen nichts mehr davon spürte. Und als es die Jagdlust wieder draußen hörte, sprach es: »Ich kann's nicht aushalten, ich muß dabei sein; so bald soll mich keiner kriegen.« Das Schwesterchen weinte und sprach: »Nun werden sie dich töten, und ich bin hier allein im Wald und bin verlassen von aller Welt; ich laß dich nicht hinaus.« – »So sterb ich dir hier vor Betrübnis«, antwortete das Rehchen, »wenn ich das Hifthorn höre, so mein ich, ich müßt aus den Schuhen springen!« Da konnte das Schwesterchen nicht anders und schloß ihm mit schwerem Herzen die Tür auf, und das Rehchen sprang gesund und fröhlich in den Wald. Als es der König erblickte, sprach er zu seinen Jägern:»Nun jagt ihm den ganzen Tag nach bis in die Nacht, aber daß ihm keiner etwas zuleide tut.« Sobald die Sonne untergegangen war, sprach der König zum Jäger: »Nun komm und zeige mir das Waldhäuschen.« Und als er vor dem Türlein war, klopfte er an und rief: »Lieb Schwesterlein, laß mich herein.« Da ging die Tür auf, und der König trat herein, und da stand ein Mädchen, das war so schön, wie er noch keins gesehen. Das Mädchen erschrak, als es sah, daß nicht sein Rehlein, sondern ein Mann hereinkam, der eine goldene Krone auf dem Haupt hatte. Aber der König sah es freundlich an, reichte ihm die Hand und sprach: »Willst du mit mir gehen auf mein Schloß und meine liebe Frau sein?« — »Ach ja«, antwortete das Mädchen, »aber das Rehchen muß auch mit, das verlaß ich nicht.« Sprach der König: »Es soll bei dir bleiben, solange du lebst, und soll ihm an nichts fehlen.« Indem kam es hereingesprungen, da band es das Schwesterchen wieder an das Binsenseil, nahm es selbst in die Hand und ging mit ihm aus dem Waldhäuschen fort.

Der König nahm das schöne Mädchen auf sein Pferd und führte es in sein Schloß, wo die Hochzeit mit großer Pracht gefeiert wurde, und war es nun die Frau Königin, und lebten sie lange Zeit vergnügt zusammen; das Rehlein ward gehegt und gepflegt und sprang in dem Schloßgarten herum. Die böse Stiefmutter aber, um deretwillen die Kinder in die Welt hineingegangen waren, die meinte nicht anders, als Schwesterchen wäre von den wilden Tieren im Walde zerrissen worden und Brüderchen als ein Rehkalb von den Jägern totgeschossen. Als sie nun hörte, daß sie so glücklich waren und es ihnen so wohlging, da wurde Neid und Mißgunst in ihrem Herzen rege und ließen ihr keine Ruhe, und sie hatte keinen andern Gedanken, als wie sie die beiden doch noch ins Unglück bringen könnte. Ihre rechte Tochter, die häßlich war wie die Nacht und nur ein Auge hatte, die machte ihr Vorwürfe und sprach: »Eine Königin zu werden, das Glück hätte mir gebührt.« – »Sei nur still«, sagte die Alte und sprach sie zufrieden, »wenn's Zeit ist, will ich schon bei der Hand sein.« Als nun die Zeit herangerückt und die Königin ein schönes Knäblein zur Welt gebracht hatte und der König gerade auf der Jagd war, nahm die Hexe die Gestalt der Kammerfrau an, trat in die Stube, wo die Königin lag, und sprach zu der Kranken: »Kommt, das Bad ist fertig, das wird Euch wohltun und frische Kräfte geben: geschwind, eh es kalt wird.« Ihre Tochter war auch bei der Hand, sie trugen die schwache Königin in die Badstube und legten sie in die Wanne: dann schlossen sie die Tür ab und liefen davon. In der Badstube aber hatten sie ein rechtes Höllenfeuer angemacht, daß die schöne junge Königin bald ersticken mußte.

Als das vollbracht war, nahm die Alte ihre Tochter, setzte ihr eine Haube auf und legte sie ins Bett an der Königin Stelle. Sie gab ihr auch die Gestalt und das Ansehen der Königin, nur das verlorene Auge konnte sie ihr nicht wiedergeben. Damit es aber der König nicht merkte, mußte sie sich auf die Seite legen, wo sie kein Auge hatte. Am Abend, als er heimkam und hörte, daß ihm ein Söhnlein geboren war, freute er sich herzlich und wolle ans Bett seiner lieben Frau gehen und sehen, was sie machte. Da rief die Alte geschwind: »Beileibe, laßt die Vorhänge zu, die Königin darf noch nicht ins Licht sehen und muß Ruhe haben.« Der König ging zurück und wußte nicht, daß eine falsche Königin im Bette lag.

Als es aber Mitternacht war und alles schlief, da sah die Kinderfrau, die in der Kinderstube neben der Wiege saß und allein noch wachte, wie die Türe aufging und die rechte Königin hereintrat. Sie nahm das Kind aus der Wiege, legte es in ihren Arm und gab ihm zu trinken. Dann schüttelte sie ihm sein Kißchen, legte es wieder hinein und deckte es mit dem Deckbettchen zu. Sie vergaß aber auch das Rehchen nicht, ging in die Ecke, wo es lag, und streichelte ihm über den Rücken. Darauf ging sie ganz stillschweigend wieder zur Türe hinaus, und die Kinderfrau fragte am anderen Morgen die Wächter, ob jemand während der Nacht ins Schloß gegangen wäre, aber sie antworteten: »Nein, wir haben niemand gesehen.« So kam sie viele Nächte und sprach niemals ein Wort dabei; die Kinderfrau sah sie immer, aber sie getraute sich nicht, jemand etwas davon zu sagen.

Als nun so eine Zeit verflossen war, da hub die Königin in der Nacht an zu reden und sprach:

»Was macht mein Kind? Was macht mein Reh? Nun komm ich noch zweimal und dann nimmermehr.«
Die Kinderfrau antwortete ihr nicht, aber als sie wieder verschwunden war, ging sie zum König und erzählte ihm alles. Sprach der König: »Ach Gott, was ist das! Ich will in der nächsten Nacht bei dem Kinde wachen.« Abends ging er in die Kinderstube, aber um Mitternacht erschien die Königin wieder und sprach:

»Was macht mein Kind? Was macht mein Reh? Nun komm ich noch einmal und dann nimmermehr.«
Und pflegte dann das Kind, wie sie es gewöhnlich tat, ehe sie verschwand. Der König getraute sich nicht, sie anzureden, aber er wachte auch in der folgenden Nacht. Sie sprach abermals:

»Was macht mein Kind? Was macht mein Reh? Nun komm ich noch diesmal und dann nimmermehr.«
Da konnte sich der König nicht zurückhalten, sprang zu ihr und sprach: »Du kannst niemand anders sein als meine

liebe Frau.« Da antwortete sie: »Ja, ich bin deine liebe Frau«, und hatte in dem Augenblick durch Gottes Gnade das Leben wieder erhalten, war frisch, rot und gesund. Darauf erzählte sie dem König den Frevel, den die böse Hexe und ihre Tochter an ihr verübt hatten. Der König ließ beide vor Gericht führen, und es ward ihnen das Urteil gesprochen. Die Tochter ward in den Wald geführt, wo sie die wilden Tiere zerrissen, die Hexe aber ward ins Feuer gelegt und mußte jammervoll verbrennen. Und wie sie zu Asche verbrannt war, verwandelte sich das Rehkälbchen und erhielt seine menschliche Gestalt wieder; Schwesterchen und Brüderchen aber lebten glücklich zusammen bis an ihr Ende.

Dasgleiche umgekehrt (Fortsetzung)

Wir fragten nach Parallelen zwischen den Märchen von »Brüderchen und Schwesterchen« sowie von »Jorinde und Joringel« und erwähnten bereits einige Gemeinsamkeiten der beiden Geschichten. – Eine Umkehrung besteht nun darin, daß bei »Jorinde und Joringel« der junge Mann als Handlungsträger im Mittelpunkt steht, während es bei »Brüderchen und Schwesterchen« der Junge ist, welcher in ein Tier verwandelt wird und der *in* der Verzauberung warten und reifen muß, bis der Bann schließlich aufgehoben werden kann. Als Akteurin steht diesmal somit »Schwesterchen«, die junge Frau im Mittelpunkt. Aber zwischen der »männlichen« Handlungsweise des Joringel und dem »weiblichen«

Verhalten des Schwesterchen besteht ein (sich ergänzender) Unterschied.

Joringel zieht umher, sucht aktiv und findet seine Lösung im Traum, den er dann in den Tag hineinnimmt. – Schwesterchen sucht nicht; sie will gefunden werden. Indem sie das Reh zur Jagd hinausläßt und indem sie wie ein nächtlicher Geist erscheint, sorgt sie für die Spuren, die auf sie aufmerksam machen und schließlich zu ihr hinführen. – Joringel kann sich ausdrücken, aber er begreift sein Schicksal nicht. Umgekehrt das Schwesterchen: Sie begreift, was läuft (sie versteht die Sprache der Quellen), aber sie kann sich selbst nicht auf direkte Weise artikulieren (daher geistert sie um Mitternacht) und nicht direkt durchsetzen (so vermag sie Brüderchen an der dritten Quelle nicht vom Trinken abzuhalten und sich selbst nicht gegen die Attacken von Stiefmutter und Stiefschwester zu wehren).

Joringel erfährt durch den Lösungstraum sowohl eine Bestätigung wie auch eine Korrektur seines gewohnten aktiven Verhaltens. Für Schwesterchen gilt das gleiche umgekehrt: Ihre passive, echohafte Verhaltensweise kann sich bestätigt fühlen (Ende gut – alles gut), muß aber auch lernen, selber zu reden und sich zu offenbaren. Das geschieht gegen Ende der Geschichte, wenn es heißt: »Darauf erzählte sie dem König den Frevel, den die böse Hexe und ihre Tochter an ihr verübt hatten.«

Nicht Schwäche führt das Schwesterchen zu so langer Zurückhaltung. Sie hat im Gegenteil viel »Dampf«; an dem wäre sie beinahe sogar umgekommen. Sie muß nur begreifen, daß sie selbst ein Jagdfieber besitzt (und dieses nicht länger auf ihren Bruder oder ihren Mann projizieren sollte), und daß es lustvoll und notwendig ist, tatsächliche »Untiere« wie ihre Stiefmutter und ihre Stiefschwester zu jagen und zu fassen. – Denn deren »Tod« als seelische Erledigung stellt ebenfalls eine Art der »Lossprechung« dar. Diesen Zusammenhang gilt es für dieses Märchen auf jeden Fall hervorzuheben und anzuerkennen, auch wenn es heute überaus peinlich erscheinen muß, wenn die Gebrüder Grimm am Ende des Textes erst Gottes Gnade zitieren und dann eine Hexe ins Feuer legen lassen. Zu sehr wissen wir, wieviel Unrecht und Unglück mit den historischen Hexenverbrennungen begangen und ausgelöst wurden, als daß man diese Art der Beschreibung dem Märchen kommentarlos zugestehen könnte. – Das Schwesterchen muß jedoch lernen, bedrohliche, zerstörerische Seelenenergien, welche sich bei ihr einnisten wollen und welche von sich aus kein Ende finden, seinerseits zu beenden.

Wo etwas Neues sich ins Alte mischt, da mag eine gedeihliche Entwicklung einsetzen, wie bei der Jorinde, die zur Perle wird. Da ist es richtig, daß die Perle wächst und daß die alte Zauberin ihre Bedeutung verliert. Beim Schwesterchen jedoch umgekehrt: Wo gleichsam Gift sich in ihren Kelch mischen will, wie der Fluch in die verzauberten Brunnen im Märchen, da wäre schon ein Kompromiß zerstörerisch. Auch ein bißchen Gift wäre zuviel. Schwesterchen muß die Schatten der Vergangenheit ganz loswerden und loslassen, dazu darf sie sich nicht mehr verstecken, dazu muß sie – ihre Existenz geltend machen.

Unter der Vorherrschaft eines falschen Zaubers erlebt Joringel seine Seele wie einen »Vogel« (was u. a. auch bedeutet: wie eine Verrücktheit oder einen Spleen) und wie in unzugänglicher Gefangenschaft. Dieselbe

Bannkraft läßt das »Schwesterchen« ihre Seele wie ein »Rehkälbchen« erfahren, läßt sie zu einer »Kinderfrau« und zu einer ätherischen, blutleeren Nachtfee werden. Joringel geht in sich, entdeckt seine »schwache« (Nacht-)Seite. Das Schwesterchen wächst über sich hinaus, zeigt ihre (tägliche) Stärke. Beide lernen, ihre Schattenseiten anzunehmen, um einen »verhexten« Seelenbann loszuwerden und um den Zauber einer seelischen Ganzheit zu bewahren bzw. einzulösen, welche kostbar ist wie eine Perle und bedeutend wie ein Königreich. Der Unterschied besteht nur darin, daß bei Joringel die Nacht- und Traumseiten im Schatten lagen, während Schwesterchens Schattenseite der hellichte Tag und die persönliche Selbstbehauptung waren.

Chaos und Geborgenheit

Das Tierkreiszeichen Krebs als
Symbol der Persönlichkeitsbildung

Das Umgekehrte kann das Gleiche bedeuten. Und das Gleiche eine Verkehrung – »dasgleiche umgekehrt« gilt nicht nur für die beiden besprochenen Märchen, sondern für das Tierkreiszeichen Krebs insgesamt. Diese Charakteristik führt zu chaotischen Zuständen, solange man sich jeweils nur zu einer Richtung verstehen mag oder solange die unterschiedlichsten Gefühle jeweils alle auf einmal wahrgenommen werden. Dieselbe Charakteristik vermittelt jedoch auf Schritt und Tritt eine weitreichende Geborgenheit, weil sie die flexibelste Einstellung den Wechselfällen des Lebens gegenüber bedeutet. Es kommt nur darauf an, eine Persönlichkeit auszubilden, welche diese Flexibilität in sich insgesamt nachvollziehen, nach innen und nach außen hin zum Ausdruck bringen kann.

Der Mond, Regent dieses Zeichens, verdeutlicht mit seinen Entwicklungszyklen und Wechsellagen die genannte Charakteristik des »Krebs«. Zusätzlich ist der Mond auch ein Inbegriff für die *Selbststeuerungsfähigkeiten* der seelischen Energien und der menschlichen Natur.

Eine erhöhte Stellung erreichen jedoch die astrologischen Planeten Jupiter und Neptun im Zeichen Krebs. Jupiter alias Zeus ist in der Mythologie der mächtige Göttervater, der seinem Willen und seinen Anschauungen zum Erfolg zu helfen weiß. Er verkörpert astrologisch das Prinzip der Behauptung und Ausbreitung einer individuellen, genuinen (aus sich selbst geschöpften) Lebensweisheit eines jeden Menschen. Die klassischen Umschreibungen des Jupiters lauten: Bildung und Bildungsstreben; Philosophie, Religion, Weltanschauung; Reiselust, Welterfahrung, ein Blick für das Fantastische und für weitreichende Zusammenhänge; schließlich Großmut, Gönnertum und last not least Fähigkeit zum Erfolg. Neptun bedeutet einen in allen Punkten möglicherweise noch gesteigerten (manchmal auch übersteigerten) Jupiter, ferner das kollektive Unbewußte, die ozeanischen Gefühle, Glauben und Bewußtseinserweiterung.

Diese Kräfte finden ihre Erhöhung, d.h. eine besondere Wirksamkeit im Zeichen Krebs. Das ist leicht nachzuvollziehen. Bildung und Weltanschauung, Glaube und große Gefühle wirken umso zuverlässiger, als sie eine Basis in persönlicher Betroffenheit und in Klarheit über die eigenen Gefühle besitzen. Das Zeichen Krebs seinerseits findet den Weg zu sich selbst, zu seiner bewußten oder begriffenen Eigenart, indem es auf der Basis seiner mondhaften Orientierung den Weg in Richtung Jupiter und Neptun einschlägt.

»Zachiel«

»Zachiel«, der Name, welchen die alte Mond-Frau im Märchen von Jorinde und Joringel ruft, bedeutet in Kabbala und alter Magie eine Anrufung des Dämon, des »bösen« Geistes des Jupiter (andere Schreibweise: Zadkiel). Das Chaos, welches der Krebs erleiden oder begrüßen mag; der Bann, welcher scheinbar und tatsächlich den Lebensweg des Krebses für eine lange Zeit begleitet, – dies hängt im Sinne von Zachiel damit zusammen, daß die förderlichen Wirkungen des Jupiters gestört werden. Entweder wird eine bildungsmäßige Höherentwicklung überhaupt beeinträchtigt. Der »Krebs« verbleibt dann gleichsam auf der Ebene des »Hokuspokus« und findet nicht zu einer entwickelten Sprache und Ausdrucksweise. Wichtige Teile des »Jupiters« werden lahmgelegt, etwa in der Form, daß man zwar viele Erfahrungen sammelt, aber keine eigene Weltanschauung daraus destilliert. Oder das Gleiche, nur in die andere Richtung: Der »Krebs« legt zum Beispiel ein Bildungs- oder Erfolgsstreben an den Tag, das zu immer größeren Schritten ausholt, ohne die gefühlsmäßigen Grundlagen zu berücksichtigen, von welchen der »Krebs« einst ausging und zu welchen er auf erweiterter Basis innerlich wieder vorrücken möchte.

Vor allem aber kann der Krebs unter ungünstigem Einfluß seiner »Hausheiligen« einem recht gnadenlosen Subjektivismus verfallen. Subjektivismus heißt, daß der eigene Erfahrungs- oder Betrachtungsstandpunkt den alleinigen oder hauptsächlichen Bezugspunkt ausmacht. Die Stärke des Krebs, die Treue zu sich selbst, schlägt dann in eine bittere Selbstvergottung um. Jupiter (plus Neptun) besorgen dann in raschen Zügen ein umfassendes Weltbild, das die subjektive Wahrheit als hauptsächliche oder alleinige noch auf die entferntesten Gegebenheiten überträgt.

Ganzheit der Seele

Ein besonderes Talent (und eine spezielle Herausforderung) des »Krebs« liegt darin, seine Gefühle ganz zu besitzen. Das sprichwörtliche Hin-und-Her im Krebs-Verhalten, die plötzlichen Wechsel der Bewegungsrichtung symbolisieren u. a. das Bemühen, sich immer wieder rückzuversichern und sich nach vielen Seiten hin abzusichern. Die seelische Ganzheit ist wie die seelische Unversehrtheit in vieler Hinsicht gefährdet, und so tut der Krebs gut daran, sein Innenleben zu schützen. Bei der Tarot-Karte II-Die Hohepriesterin wird zum Beispiel deutlich, wie sehr es manchen sogar als Störungsquelle oder als Ärgernis erscheint, wenn die Seele heil und intakt ist (vgl. S. 70). Wieviel Mut und Ausdauer dazugehören, die persönliche Selbständigkeit auch in ihren seelischen Grundlagen aufrechtzuerhalten, dies reflektiert beispielsweise der bekannte Spruch »Heinrich, der Wagen bricht« aus dem Märchen vom »Froschkönig«. Stellen wir uns diesen »Wagen« im Sinne der Tarot-Karte VII-Der Wagen (vgl. S. 62 ff.) vor, so können wir erkennen, was ein gebrochener Wagen bedeuten würde: Entweder einen Bruch zwischen Wagen-Lenker und Wagen-Gefährt (d. h. zwischen bewußten und unbewußten Gefühlen und Bedürfnissen) oder Brüche innerhalb des Bewußtseinsbereiches und/oder einen »seelischen Knacks« im Unbewußten.

(Im Märchen vom Froschkönig kämpfen alle beteiligten Personen um die Vermeidung und die Aufhebung dieser Brüche, und die vereinten, wenn auch durchaus unterschiedlichen Anstrengungen führen zum Erfolg: der »Wagen« bleibt ganz und zieht schließlich prächtiger als je von dannen. – Der »Froschkönig« interessiert indes im Rahmen der Krebs-Symbolik v. a. wegen des Wagen-Motivs. Im übrigen steht dieses Märchen in besonderem Zusammenhang mit der Skorpion-Symbolik, wobei der Krebs zum Skorpion allerdings über das gemeinsame Element Wasser wichtige Berührungspunkte besitzt.)

Eine persönliche, seelisch verankerte Ganzheit ist nicht selbstverständlich, ihre Verteidigung und ihre Fortentwicklung sind überaus lohnenswert. Der springende Punkt für das Tierkreiszeichen Krebs besteht nun darin, daß es (in bestimmten Entwicklungsphasen) etwas Paradoxes tun muß: Es muß seine Ganzheit aufgeben – um sie auf Dauer zu erhalten; es muß seine Selbstsicherheit und seine Selbstzufriedenheit verlieren – um sie auf erweiterter Grundlage neuzufinden.

Dafür gibt die Häutung des Krebstieres ein passendes Beispiel. Und damit wird, übertragen auf das menschliche Verhalten, der *richtige Zeitpunkt* zu einer wesentlichen Frage. Behält er sein altes Schutzgehäuse zu lange, so verhindert der Krebs seine Weiterentwicklung und die Anpassung an veränderte Umstände; verläßt er es aber zu früh, so hindert er sich ebenfalls. Verhärtete, verkrustete Auffassungen und Einstellungen verursachen abgestandene und trübe Gefühle; schwache und ungesicherte innere Empfindungen aber sind nicht nur unnötig verletzlich, sondern ihnen fehlen auch die Schutzhülle, unter welcher die Gefühle reifen und wachsen können wie eine Perle in der Perlmutter.

Allein schon um den richtigen Zeitpunkt für fällige Wendungen und Wandlungen festzustellen, *braucht* der Krebs seine vollen Gefühle und Instinkte; unter dem Aspekt des »Krebs« sind Gefühle für uns alle kein Luxus, sondern Selbsterhaltung; keine Glückssache, sondern eine Frage von langjähriger Erfahrung.

»Mehr desselben«

Übermäßiges *Festhalten* sowie übereiliges *Loslassen* von seelischen Gewohnheiten und Überzeugungen sind für das Tierkreiszeichen Krebs in gleicher Weise gefährlich. Kompliziert werden diese Gefährdungen durch einen Verhaltensmechanismus, der »mehr desselben« heißt. Das bedeutet: Statt sich zu verändern, *verstärkt* man das, was man immer schon getan hat. Eine mögliche Folge: Der »Krebs« hält zum Beispiel an der eigenen Ganzheit fest und hat keine »Antenne«, kein Verständnis für die Ganzheit des Anderen, die jenseits der eigenen seelischen Betroffenheit liegt. In der Praxis vermeidet oder fürchtet der »Krebs« daher mitunter die Beziehung zu anderen Menschen (d. h. speziell eine Beziehung zu solchen Seiten der Mitmenschen, an denen diese eben *anders* fühlen und empfinden).

In einer persönlichen Beziehung zum Anderen könnte und müßte man sich wandeln, seinen alten Panzer abstreifen und einen neuen sich anmessen. Der Wechsel wäre sinnvoll und erfreulich, der Wandel würde den Weg in eine veränderte Lebensqualität eröffnen. Jedoch, ob begründet oder nicht, ein Teil des Krebs-Typus scheut diesen Weg zum anderen Menschen, zum anderen in der Welt. Er findet seinen Rückhalt und seine Beziehungen in der »Selbsterfahrung« nach innen (und deren Übertragung nach außen), – ein Verhalten, welches ihn zu immer neuen Seiten *seiner* seelischen Realität führt. Das Prinzip »mehr desselben« bewirkt in diesem Zusammenhang, daß im Umgang – nicht nur mit den Emotionen, sondern – mit allen Dingen des Lebens die innere Auseinandersetzung und die Selbsterfahrung permanent vertieft und vergrößert werden.

Die Scheidelinie verläuft in diesem Falle dort, wo die Selbsterfahrung zum Ersatz für Beziehungen zum »Anderen draußen« wird. Dann ufert der Subjektivismus aus. Das Andere bleibt in seiner realen Bedeutung unbekannt. Die fehlende Beziehung zur »Anderswelt«, zur Wirklichkeit des Anderen rächt sich; man ist ihr hinterrücks um so stärker ausgeliefert, als man vorderhand die Erkenntnis des Anderen eingestellt hat.

»Allmacht der Gefühle«

Diese Wirkungskette muß man kennen, um einige Irrtümer und mißbräuchliche Empfehlungen zu verstehen, die in Selbsterfahrungs- und Beratungsangeboten recht verbreitet sind. Wir zitieren dazu aus einem Aufsatz von Susanne Peymann, in welchem am Beispiel der aktuellen Tarot-Diskussion einige typische Untiefen der Selbsterfahrung zur Sprache kommen.

> Beim Kartenlegen stehen sich zwei Realitäten gegenüber, Alltag und Spiritualität oder Vernunft und Fantasie. Mittels Tarot kann ich Lösungen für persönliche Widersprüche finden, aber nur, wenn ich die vorhandenen Widersprüche, gerade die zwischen Tarot und Alltagserfahrung, anerkenne! Für mich ist es eine Grundvoraussetzung der Tarot-Praxis, mit diesen Widersprüchen zu leben und mit ihnen produktiv umzugehen. Ich habe Angst vor einer Schizophrenie, die (im Tarot wie im Alltag) gar nicht mehr die Aufhebung der persönlichen Widersprüche sucht; wo »die Linke nicht weiß, was die Rechte tut«. Und ich habe einen Horror vor einer Lösungs- oder Verschmelzungs-Sucht, welche Widersprüche nur als Ärgernis sieht und deshalb in einer Art Kurzschluß die Alltags- und die »Anders«-Welt fusionieren will.
> Eine der gängigen Kurzschlußtheorien ist die von der magi-

schen Aufladung der Tarot-Karten. Um das scheinbar Unbegreifliche, das beim Kartenlegen geschieht, schnell in eine überschaubare Größenordnung zu bringen, heißt es etwa, die Karten seien »energetisch aufgeladen« und diese unmerkliche »Ladung« der Karte führe meine Hand beim Ziehen zu den richtigen Karten. Das ist für mich eine Marionettentheorie.

Damit wird die Frage, was beim Kartenlegen geschieht, weggedrückt ins Unerfindliche. Wer oder was sorgt denn für die »richtige« Aufladung? Das kann kein Mensch mehr klären. Die liebe Seele hat vordergründig ihre Ruh', allerdings um den Preis, daß die Verantwortung (und die Freude!) beim Kartenlegen auf jene dubiose Aufladung abgeschoben wird. Zugleich geht so aber auch die Spannung, die im persönlichen Erkunden des Kartenlegens und seiner Geheimnisse steckt, verloren. Der Glaube an Unerfindliches ersetzt die eigene Erfahrung mit den vorhandenen Rätseln. Das ist dann nicht mehr mystisch, nur noch mysteriös.

»Allmählich wird deutlich«, erklärt Rachel Pollack, »daß der Tarot gerade deshalb funktioniert, weil er sich verstandesmäßig nicht erklären läßt.« Ich mußte den Satz zweimal lesen. Nicht: »Dies und das hat mich am Tarot überzeugt, und wo ich nicht mehr weiter weiß, da kann ich nur noch daran glauben«; nein, das sagt uns die Autorin nicht; Tarot solle vielmehr funktionieren, *weil* »er sich verstandesmäßig nicht erklären« lasse. Die Unerklärbarkeit als Gütesiegel – das ist eine Kopf-ab-Strategie. Mein Gott, was soll man denn alles opfern, um Freude am Kartenlegen zu haben? Der bisherige Verstand kann das, was an neuen, ungeahnten Erfahrungen aus dem Tarot kommt, nicht erklären. Das ist das Problem – aber auch das Spannende, das Interessante. Es gibt doch Wege zu einem neuen Verständnis, das auch im Bewußtsein so gut funktioniert wie die unmittelbar-praktische Tarot-Erfahrung. Oder?

Das Problem, das in diesen Ausführungen angesprochen wird, ist ein typisches Krebs-Problem. Die richtige und unterstreichenswerte Tatsache, daß alles in der

Welt unter anderem *auch* seelisch bedingt ist, wird verwechselt mit einer Auffassung, die *nur* das Seelische kennen oder zulassen möchte. Aus dieser Auffassung resultiert der Glaube an die Allmacht der Seele und an die *Allmacht der Gefühle*. Der entscheidende Unterschied: Für den »Krebs« sind seine seelischen Empfindungen das A und das O im Leben (was sich schon in seiner Definition »Ich fühle« niederschlägt). Aber der »Krebs« ist nur eines von zwölf Tierkreiszeichen, und Gefühle sind nicht alles in der Welt. Der Unterschied zwischen dem einzelnen Selbst und den anderen Selbst-en, d. h. zwischen der eigenen und den anderen Seelen, wird jedoch vielfach nicht gesehen. Die von Susanne Peymann bereits zitierte Rachel Pollack beschließt beispielsweise ihr Hauptwerk (»Tarot – 78 Stufen der Weisheit«) mit dem Satz: *Und was wir von uns selbst wissen können, können wir von allem wissen.*« Dieser Satz trifft jedoch nicht zu; er benennt nur einen Glauben an die Allmacht der Seele: Im eigenen Selbst sei Alles enthalten. Doch eben dies stimmt nicht. Die Selbsterfahrung kann sich bis zur All-Erfahrung vertiefen und erweitern, aber es bleibt jedesmal (auch) eine *persönliche* Erfahrung.

»All-Erfahrung« (auch Erfahrung von Alleinsein und von All-eins-sein genannt) bedeutet, daß der Erfahrungshorizont eines Menschen sich ins Unbegrenzte öffnet. Es ist gut und wünschenswert, wenn die Selbsterfahrung nicht allein um den eigenen Bauchnabel oder den nächsten Kirchturm kreist, wenn ein Mensch zu allem, was im Kosmos gegeben und möglich ist, sich in ein Verhältnis setzt. Doch je deutlicher die unbegrenzten Möglichkeiten des Menschen werden, desto klarer wird auch das einzelne Individuum als notwendiger

Träger dieser Potentiale. Die Fülle der Möglichkeiten findet ihre Begrenzung, ihren Gegenpol und ihre Konzentration im einzelnen Menschen, ohne den jene Möglichkeiten bedeutungslos blieben. Zum Individuum gehört aber das »unteilbar« Eigene – der persönliche Unterschied, welcher eine Gemeinsamkeit von Menschen erst fruchtbar macht.

Was wir »von allem wissen« können, erreicht seine Blüte *und* seine Grenze in der Individualität. Wie die Gesundheit und wie die seelische Unversehrtheit, so ist auch die Individualität nicht alles im Leben, aber wiederum »ohne sie ist alles nichts«. »Was wir von uns selbst wissen können«, zeigt uns auf einem Pol sehr wohl *auch*, was wir von allem anderen *nicht* wissen – und nicht wissen können. Aus dieser Erfahrung resultiert jedoch erst ein abgeklärtes und differenziertes Verständnis für den *Sinn des Eigenen*.

Der Weg des Wassers führt nicht nur von der Quelle zum Ozean (von »Krebs« zu den »Fischen«), sondern auch umgekehrt vom Meer erneut zur Quelle. Das Selbstgefühl des Krebses kann und soll sich bis zum weitesten Mitgefühl vergrößern und bis zum umfassenden Glauben vertiefen; aber es muß – auf dieser Grundlage – auch wieder zum persönlichen und privaten Selbst zurückkehren, das nun seine Einheit mit der Welt und seinen Unterschied zu ihr kennt und beherzigt.

Wunderglaube und Selbst-Belastung

Der Glaube an die Allmacht der Gefühle und die Gleichsetzung der persönlichen Wirklichkeit mit der übrigen Realität bewirken aber entweder eine erhebliche Selbst-Anmaßung oder eine enorme Selbst-Belastung (oder beides zusammen). »Was wir von uns selbst wissen können, können wir von allem wissen« – mit dieser Auffassung wird bis heute Aberglaube praktiziert und bemäntelt. Wenn die Selbsterfahrung und das persönliche Dafürhalten ausreichen, um »von allem« Bescheid zu wissen, so wäre damit von der Kaffeesatzleserei bis zur telefonischen Psychodiagnose mit anschließender »Fernheilung« so mancher Mummenschanz und falscher Zauber gerechtfertigt.

Tatsächlich handelt es sich bei diesem modernen Wunderglauben um eine grandiose Selbst-Anmaßung, die jedoch nur solange möglich bleibt, wie die Praktizierenden ihre Individualität einem frühreifen Subjektivismus opfern. Wer von solchen Wahrsagern und Wunderzauberinnen betroffen ist, wird erfahren, daß das sicherste Prüfkriterium und das einzige Schutzmittel im Aufbau der eigenen, individuellen Persönlichkeit besteht.

Doch nicht nur Selbst-Anmaßung bis hin zu Arroganz und Manipulation läßt sich aus der falschen Vorstellung, im eigenen Selbst sei alles enthalten, ableiten. Eine andere mögliche Konsequenz besteht in der übertriebenen Selbst-Belastung. Je besser wir uns selber kennen, desto deutlicher werden – als *ein* Aspekt – die Grenzen und auch die seelische Unerkennbarkeit des jeweils anderen. Wenn man aber davon überzeugt ist, im eigenen Selbst müsse alles andere wiederzufinden sein, so führt gerade der Fortschritt der Selbst-Erfahrung zu erheblicher Verwirrung und Selbst-Beschwerung. Obwohl man Erfolg hat (in der Selbsterfahrung), sieht man sich getäuscht und enttäuscht, weil man dennoch nicht »von allem« weiß.

In einem solchen Moment führt es weiter, wenn man es wagt, über die Selbsterfahrung hinauszugehen – die eigenen Aufgaben in der Welt festzustellen und lebendige Beziehungen zu anderen zu geben und zu empfangen. Nach dem Motto »mehr desselben« beginnt sonst, wenn dieser Wandel nicht vollzogen wird, ein unseliger Kreislauf, in welchem jedes Mehr an Selbsterfahrung unter anderem zur verstärkten Begegnung mit all dem, was das eigene Selbst übersteigt, führt – eine Begegnung, die nach der Maxime, im eigenen Selbst solle alles enthalten sein, als Niederlage verstanden werden muß. Die richtige Einstellung, daß Selbsterfahrung und Persönlichkeitsbildung ein lebenslanger Prozeß sind, wird verwechselt mit einer »unendlichen Analyse« (vor der schon Sigmund Freud warnte), mit einer lebenslangen Unzufriedenheit oder Zerspaltenheit mit sich selbst.

Die Realität des »ganz Anderen« zu akzeptieren, verlangt dagegen von jedem einzelnen »Krebs«, zu fühlen, daß es Gefühle gibt, für welche man selbst kein Gefühl mehr besitzt. Diese Begegnung mit dem Anderen verwandelt aber das spontane, unbelassene Selbst zum erfahrenen und bewußten *Eigenen*. Im Interesse der seelischen Eigenständigkeit und der persönlichen Ganzheit sind wir als »Krebse« auf den »Mut zur Lücke« angewiesen. Selbsterfahrung muß auch Grenzerfahrung sein, Selbstbegrenzung zugleich Offenheit für das andere.

»Reise des Helden«

Die persönliche Ganzheit ist in jedem Augenblick auch eine Ganzheit mit Grenzen. Die Grenzen sind nötig, weil sonst ein persönliches Fassungsvermögen fehlt.

Doch diese Grenzen sind immer wieder nur vorübergehend, solange Selbsterfahrung und Persönlichkeitsbildung für eine Weiterentwicklung offenbleiben. Wunderglaube und Selbst-Belastung betonen zuwenig die Notwendigkeit der seelischen Grenzen. Die Seele wird überstrapaziert. Auf der anderen Seite gibt es jedoch eine Tendenz zur seelischen Unterforderung, welcher wir uns als »Krebse« ebenfalls erwehren sollten. Eine Unterforderung (und damit möglicherweise eine Geringschätzung) der Seele liegt immer da vor, wo gleichsam *seelisches Stückwerk* fabriziert und als Lösungsweg angegeben wird.

In diesen Zusammenhang gehört auch das Konzept der »Reise des Helden«, welches von verschiedenen Seiten als Modell der Selbsterfahrung angeboten wird. Der Begriff von der Reise des Helden stammt ursprünglich aus der Schule der psychologischen Märchendeutung von und in Anlehnung an C.G. Jung. Doch verstand sich dieser Begriff zunächst als mehr oder weniger nüchterner Fachausdruck, welcher den Gang der Handlung eines Märchens zusammenfassen sollte. Vielleicht war schon diese Begriffsbildung nicht ganz glücklich, weil sie einem »heroischen« Subjektivismus einfach Vorschub leisten kann.

Bei C.G. Jung und seinen ersten Schülerinnen und Schülern war jedoch immer klar, daß bei der Märcheninterpretation jene Betrachtung zumindest mitgedacht werden muß, derzufolge alle Gestalten eines Märchen *zusammen* ein bestimmtes psychologisches Bild zeichnen. Wenn also ein Märchen eine Botschaft zu vermitteln hat, dann dies durch das Zusammenwirken *aller* seiner Figuren. Helle und dunkle Gestalten, Helden und Anti-Helden sind dabei gleichwertig und gleichberechtigt – und im Sinne der »Moral von der Geschicht'« in gleicher Weise nützlich und gut.

Aber irgendwer hat dies einmal mißverstanden, andere sind gefolgt, und so werden heute Selbsterfahrungs-Theorien und -Therapien angeboten, bei welchen man sich aus Märchen oder Mythen wahlweise einzelne Figuren herausnimmt, um sich mit diesen symbolischen *Teilpersönlichkeiten* zu identifizieren.

Den eigenen Kelch begreifen

»*No* more heroes anymore« (keine Helden jemals mehr) lautete demgegenüber ein Motiv, das in der Rock-Musik und anderen kulturellen Sparten der vergangenen Jahre und Jahrzehnte oft zitiert und vorgebracht wurde. In seiner Schrift über den »Eigensinn« äußerte Hermann Hesse (im Jahre 1919) den Glauben, daß es zunächst einzelne seien, welche den Mut zum »Sinn des Eigenen« praktisch aufbrächten. Aber als Perspektive sah Hesse schon damals den »Eigensinn« als ein Thema nicht bloß für ein paar Helden, sondern für viele, für uns alle: »Würde die Mehrzahl der Menschen diesen Mut und Eigensinn haben, so sähe die Welt anders aus«, so schrieb er, und: »Die Vorstellung ganzer Massen, ganzer Millionen von ›Helden‹ ist an sich widersinnig.«

Die großen gesellschaftlichen Umwandlungen seit den 1960er Jahren haben Individualität, Selbsterfahrung und Persönlichkeitsbildung zu einem Massenthema gemacht. Sie haben das neue, große Interesse an Psychologie, an Therapie und Heilung sowie an Grenzwissenschaft hervorgebracht. In und seit den 1960er

Jahren erlebt bezeichnenderweise auch das Werk von Hermann Hesse seine millionenfache Verbreitung. Das alles bedeutet im Ergebnis: Wenn wir uns heute mit Märchen beschäftigen, dann nicht, um ein neues Mittelalter einzuführen, sondern um immer neu zur Mitte des persönlichen Alters (zur Lebensmitte als innerer Mitte) zu finden. Wenn wir Heldengestalten in Märchen und Mythen begegnen, so wissen wir, daß in ihnen die Menschheit ihre Träume verewigt hat und daß es für uns darauf ankommt, auf diesem Hintergrund unsere heutigen, unsere eigenen Träume deutlich zu träumen, auf daß wir sie begreifen und verwirklichen können.

Den Helden gibt es im Märchen nur um den Preis der Ohnmacht des Anderen. Jorinde ist gefangen, und Joringel geht auf die »Reise des Helden«. »Schwesterchen« ist, praktisch gesehen, ohnmächtig, und »Brüderchen« muß den Part des (unbewußten, tierhaften) Helden übernehmen. Jedoch bereits diese Märchen, die seit mehreren hundert Jahren erzählt werden, heben in ihrer Lösung *beides* auf – Ohnmacht und heldenhaftes Sonderleben.

»Wenn's Möndel ins Körbel scheint« – dann stimmen seelischer Hintergrund und seelische Wirklichkeit (der Mond) mit den vordergründigen Bedürfnissen und dem gegebenen Fassungsvermögen (dem Korb) eines Menschen überein; er besitzt dann eine stimmige Persönlichkeit. Das Eigene wird mit Sinn faßbar; Sinn und Sinne bekommen ihr persönliches Gepräge. »Zachiel«, die unreife Form des Jupiters, welche sowohl selbstzweifelnde Ohnmacht wie selbstsuchendes Heldenleben hervorbrachte, hat sich überflüssig gemacht.

Jorinde und Joringel, so heißt es am Ende nicht nur dieses Märchens, gingen nun »nach Hause, und sie lebten lange vergnügt zusammen«.

Anmerkungen

S. 10: **Hermann Hesse:** Eigensinn. Autobiographische Schriften. Frankfurt a. M. 1972, S. 5 und 105 ff.

S. 11: **Tierkreiszeichen und Lebensalter:** Vgl. Johannes Fiebig: Auf der Suche nach dem Eingemachten. Der Stier in uns allen. Königsförde 1990, S. 29

S. 12: **»Kaum eine Lebensäußerung...«** aus: StadtRevue Köln, Heft 1/85. – Die sich an das Zitat anschließende Textpassage folgt der Darstellung in: Johannes Fiebig: Tarot – Andere Wege im Alltag. Bonn 2. Aufl. 1988, S. 33 und 36

S. 19: **Ernst Bloch:** Das Prinzip Hoffnung (Band 5 der Gesamtausgabe). Frankfurt a. M. 1959 (geschrieben 1938–47)

S. 20: **Barbara Frischmuth:** Viele der Titel aus dem erzählerischen Werk der Autorin, die dafür zahlreiche Literaturpreise erhielt, lesen sich geradezu wie programmatische Aussagen über das Tierkreiszeichen Krebs. Hier eine Auswahl: Die Erzählungen »Rückkehr zum vorläufigen Ausgangspunkt« (1973), »Haschen nach Wind« (1974), »Traumgrenze« (1983) und »Mörderische Märchen« (1989). Die Romane »Die Mystifikationen der Sophie Silber« (1976), »Amy oder die Metamorphose« (1978), »Kai und die Liebe zu den Modellen« (1979), »Bindungen« (1980), »Das Verschwinden des Schattens in der Sonne« (1980) und »Die Frau im Mond« (1982). Erschienen zumeist im Residenz Verlag, Salzburg, und im dtv, München.

S. 34: **»Jupiter und Neptun sind im Krebs erhöht...«:** Jeder Planet besitzt in der Astrologie ein Zeichen, in welchem er erhöht steht. In dieser erhöhten Position sind der betreffende Planet wie das betroffene Zeichen besonders stark; allerdings erfahren beide – Planet und Zeichen – im Vorgang der Erhöhung Veränderungen und Verwandlungen. Die Erhöhung gehört ebenso zum klassischen Repertoire der Astrologie wie die einfache Herrschaft eines Planeten in einem Zeichen. Dennoch verzichten erstaunlicherweise nicht wenige astrologische Werke auf die Behandlung der erhöhten Planetenstellungen. Die Charakteristik eines Zeichens wird jedoch durch die Beachtung des herrschenden *und* des erhöhten Planeten erst im ganzen Umfange verständlich. Die nachfolgende Tabelle gibt eine Zusammenstellung der üblichen Erhöhungen.

Planet	herrscht in	und ist erhöht in
Sonne	Löwe	Widder
Mond	Krebs	Stier
Merkur	Zwillinge und Jungfrau	Jungfrau
Mars	Widder	Steinbock
Venus	Stier und Waage	Fische
Jupiter	Schütze	Krebs
Saturn	Steinbock	Waage
Uranus	Wassermann	Skorpion
Neptun	Fische	Krebs
Pluto	Skorpion	Löwe

Zur Bedeutung der Erhöhung von Jupiter und Neptun im Tierkreiszeichen Krebs, vgl. in diesem Buche S. 132 ff.

S. 35: **B. Frischmuth**, vgl. Anmerkung zu S. 20

S. 52: **»Wie ein Abtauchen...«** aus: Johannes Fiebig: Tarot – Andere Wege im Alltag, a. a. O., S. 36 f.

S. 53: **Wim Wenders**, zitiert nach Kölner Stadtanzeiger v. 14./15.3.1987

S. 55: **Tarot und Astrologie:** Die vorliegende Zuordnung der Tarot-Karten zu Tierkreiszeichen und Planeten geht auf den Golden-Dawn-Orden (Orden der Goldenen Dämmerung) zurück, eine Rosenkreuzer-Vereinigung in England. 1888 gegründet, zerfiel er bald nach 1900 wieder. Seine Bedeutung besteht u. a. darin, daß der Orden ein Erbe der reichhaltigen esoterischen Theoriebildungen des 19. Jahrhunderts war, die er seinerseits zusammenzufassen suchte. Die Tarot-Karten spielten dabei eine Rolle unter vielem anderen. Die heute gängigsten Tarot-Karten (Rider Waite Tarot und Crowley Thoth Tarot, ohne welche die Tarot-Welle der letzten 10 bis 20 Jahre nicht vorstellbar ist) gehen auf Urheber/innen zurück, die zuvor einmal Mitglied im Golden-Dawn-Orden gewesen sind: Pamela Colman Smith und Arthur E. Waite sowie Lady Frieda Harris und Aleister Crowley.

Bei der Konzeption ihrer Karten folgten beide Produzentenpaare – mit geringen Unterschieden – in der Zuordnung zur Astrologie dem Golden-Dawn-Muster, das auch in diesem Buch wiedergegeben ist. Deshalb finden sich die hier genannten Zuordnungen im Rider-Tarot oftmals im Kartenbild wieder (z. B. Widder-Zeichen auf der Karte »IV-Der Herrscher« und Stier-Köpfe im Bild des »Münz-König«), und auf den Crowley-Karten sind diese selben Zuordnungen fast sämtlich als Zeichen angegeben.

Literatur dazu: Robert Wang: Der Tarot des Golden Dawn. Sauerlach 1985. – Israel Regardie: Das magische System des Golden Dawn. 3 Bde. Freiburg 1987. – Evelin Bürger & Johannes Fiebig: Tarot – Spiegel Deiner Möglichkeiten. 8. Aufl. Trier 1991, S. 115.

Neben der vorliegenden gibt es mehr als ein halbes Dutzend weitere Arten der Zuordnung, die in der Literatur vorgeschlagen werden. Diese sind jedoch nicht empfehlenswert, meist schon aus formalen Gründen, weil jeweils nur einem Teil der insgesamt 78 Tarot-Karten astrologische Werte beigegeben wurden. Inhaltliche Probleme entstehen daraus, daß die Tarot-Karten hauptsächlich zur Erläuterung von astrologischen oder sonstigen archetypischen Prinzipien benutzt werden und somit ihr Eigenleben verlieren. Das gilt auch für das Buch zu den im übrigen schönen Tarot-Karten von Mertz/Struck: B. A. Mertz und Paul Struck: Astrologie und Tarot. Interlaken 1981. – Eine Übersicht über verschiedene Zuordnungsweisen finden Sie in: Stuart R. Kaplan, The Encyclopedia of Tarot. Bd. 1. New York 1978, S. 4 f.

S. 70: **Hans-Dieter Leuenberger**: Schule des Tarot. Bd. 1 – Das Rad des Lebens. Freiburg 1981, S. 74

S. 77: »Das scheinbar nur-harmonische Bild...«, vgl. J. Fiebig: Tarot – Andere Wege im Alltag, a. a. O., S. 42

S. 88: **Zur Tarot-Auslage für das Tierkreiszeichen Krebs,** vgl. die Aussage von C. G. Jung: Das Selbst ist »eine dem bewußten Ich übergeordnete Größe. Es umfaßt nicht nur den bewußten, sondern auch den unbewußten Psycheteil und ist daher sozusagen eine Persönlichkeit, die wir *auch* sind« (in: Die Beziehungen zwischen dem Ich und dem Unbewußten, Gesammelte Werke, Bd. 7, Olten 1964, S. 195).

S. 111: **Jorinde und Joringel:** Dieses Märchen in der Sammlung der Brüder Grimm ist ein Kunstmärchen aus der Feder von Johann Heinrich Jung-Stilling (aus dessen autobiographischen Roman »Henrich Stillings Jugend« Berlin/Leipzig 1777), vgl. Anmerkungen der Brüder Grimm zu den Kinder- und Hausmärchen, in: dies., Kinder- und Hausmärchen. Jubiläumsausgabe zum 200. Geburtstag 1985/6. Ausgabe letzter Hand mit den Originalanmerkungen der Brüder Grimm, hrsg. v. Heinz Rölleke. Stuttgart 1984, Bd. 3, S. 131 und S. 473. – Zur Interpretation des Märchens, vgl. auch: Verena Kast: Wege aus Angst und Symbiose. Märchen psychologisch gedeutet. Olten 1982, S. 194 – 200. Rudolf Müller: Jorinde und Joringel. Wenn durch Trennung die Liebe erwacht. Zürich 1987. Sowie Ulla Wittmann: Ich Narr vergaß die Zauberdinge. Märchen als Lebenshilfe für Erwachsene. Interlaken 1985, S. 85–92.

S. 116: **Vogel als Seelenvogel:** Zum (freifliegenden) Vogel als Symbol des Geistes, vgl. Johannes Fiebig: Der Zauber des Eigenen. Der Wassermann in uns allen. Königsförde 1989, S. 88 f.

S. 120: **Brüderchen und Schwesterchen:** Vgl. zur Interpretation auch: Linde von Keyserlingk: Brüderchen und Schwesterchen. Eine ganz besondere Liebe. Zürich 1988

S. 138 f: **Susanne Peymann:** Neues vom Blitzschlag der Erleuchtung, in: Evelin Bürger/Johannes Fiebig (Hrsg.): Tarot-Calender 1991, Trier 1990, S. 207 ff. Das darin angegebene Zitat von R. Pollack stammt aus: Rachel Pollack: Tarot – 78 Stufen der Weisheit. München 1985, S. 307.

S. 140:   Rachel Pollack, a. a. O., S. 396

S. 144:   »Reise des Helden« und subjektivistische Märcheninterpretation: Vgl. zur Kritik auch: Marie-Louise von Franz: Psychologische Märcheninterpretation. Eine Einführung. München 1989,
S. 7 f.: »Bei vielen angeblich Jungschen Deutungsversuchen läßt sich
eine Regression in eine personalistische Richtung beobachten. Die
Interpreten beurteilen den Helden oder die Heldin als ein gewöhn-
liches menschliches Ich und seine Mißgeschicke als Bilder von dessen
Neurose. Da es für den Hörer eines Märchens natürlich ist, sich mit
dem Handlungsträger zu identifizieren, leuchtet diese Art der Deutung im allgemeinen ein. Sie ignoriert aber, was Max Lüthi entscheidend für das Zaubermärchen festgestellt hat: daß seine Helden, im
Gegensatz zur Erlebnissage, Abstraktionen sind, d. h. in unserer
Sprache Archetypen. Ihre Schicksale sind darum keine neurotischen
Komplikationen, sondern Darstellungen der uns von der Natur auf-
erlegten Schwierigkeiten und Gefahren. Durch eine personalistische
Deutung wird somit gerade das Heilende der archetypischen Erzäh-
lung annulliert.«

S. 145:   Hermann Hesse, a. a. O., S. 105.

Literaturhinweise

Astrologie

Appel, Walter A.: Im Zeichen des Mondes. München 1988

Barz, Ellynor: Götter und Planeten. Grundlagen archetypischer Astrologie. Zürich 1988

Döbereiner, Wolfgang: Astrologisches Lehr- und Übungsbuch: Münchner Rhythmenlehre. 6 Bände. München 1984 ff.

ders.: Heyne Tierkreis-Bücher. 12 Bände von Widder bis Fische. München 1974 f.

Greene, Liz: Schicksal und Astrologie. Die Familie im Spiegel des Horoskops. München 1985

Haage, Bernhard D. (Hrsg.): Sternzeichen aus einem alten Schicksalsbuch – Krebs. Mit einer Einleitung von Christiane von Wiese. Frankfurt a. M. 1982

Huber, Louise: Die Tierkreiszeichen. Reflexionen, Meditationen. 2. Aufl. Zürich 1983

Karrer, Iso: Tierkreis und Jahreslauf. Astrologie in Mythos und Volksbrauch. Basel 1985

Meyer, Hermann: Astrologie und Psychologie. Eine neue Synthese. München 1981, Reinbek 1986

Riemann, Fritz: Lebenshilfe Astrologie. Gedanken und Erfahrungen. München 1977

Roscher, Michael: Der Mond. Astrologisch-psychologische Entwicklungszyklen. München 1986

Rosenberg, Alfons: Zeichen am Himmel. Das Weltbild der Astrologie. München 2. erw. Aufl. 1984

Sakoian, Frances, und Louis S. Acker: Das große Lehrbuch der Astrologie. München 1984

Sterneder, Hans: Tierkreisgeheimnis und Menschenleben. 2. Aufl. Freiburg 1985

Sun Bear und Wabun: Das Medizinrad. Eine Astrologie der Erde. 6. Aufl. München 1984

Weiss, Jean-Claude: Astrologie – Eine Wissenschaft von Raum und Zeit. Wettswil 1987

Tarot

Anonymus d'Outre-Tombe: Die großen Arkana des Tarot. Ausgabe A in 4 Bd., Freiburg 1983. – Eine Auswahl aus dem Gesamtwerk bietet das Taschenbuch: (ders.:) Schlüssel zum Geheimnis der Welt. Meditationsübungen zum Tarot. Hrsg. v. Gertrude Sartory, Freiburg 1987

Banzhaf, Hajo: Das Tarot-Handbuch. München 1986

Bürger, Evelin, und Johannes Fiebig: Tarot – Spiegel Deiner Möglichkeiten. Ausgabe Rider-Tarot: 7. Auflage Trier 1990. Ausgabe Crowley-Tarot: Trier 1991

Crowley, Aleister: Das Buch Thoth (Ägyptischer Tarot). Waakirchen 1981

Deutsches Spielkarten-Museum: Tarot – Tarock – Tarocchi. Tarocke mit italienischen Farben. Bearbeitet von Detlef Hoffmann und Margot Dietrich. Leinfelden-Echterdingen 1988 (Deutsches Spielkarten-Museum, Schönbuchstraße 32, D-7022 Leinfelden-Echterdingen)

Fiebig, Johannes: Tarot – Andere Wege im Alltag. 2. Aufl. Bonn 1988

Francia, Luisa: Hexentarot. Traktat gegen Macht und Ohnmacht. 4., erw. Aufl. Zürich o. J.

Hollenstein, Marion: Zur psychologischen Deutung des Tarot-Spiels. Zürich 1981

Kaplan, Stuart R.: The Encyclopedia of Tarot. 3 Bde. New York 1978, 1986 und 1990

Leuenberger, Hans-Dieter: Schule des Tarot – Band 1. Das Spiel des Lebens. Freiburg 1981

Nichols, Sallie: Die Psychologie des Tarot. Interlaken 1984

Pollack, Rachel: Tarot. 78 Stufen der Weisheit. München 1985

Waite, A. E.: Der Bilderschlüssel zum Tarot. Waakirchen 1978

Ziegler, Gerd (Bodhigyan): Tarot – Spiegel der Seele. Sauerlach 1984

Traumdeutung

Adler, Alfred: Lebenskenntnis. Frankfurt a. M. 1978

Aeppli, Ernst: Der Traum und seine Deutung. München 1984

Doucet, Friedrich W.: Traum und Traumdeutung. München 1973

Freud, Sigmund: »Selbstdarstellung«. Frankfurt a. M. 1971

ders.: Die Traumdeutung. Frankfurt a. M. 1972

Hark, Helmut, Verena Kast, Ingrid Riedel (Hrsg.): *Reihe* Träume als Wegweiser (Traumbild Baum, Traumbild Fuchs usw.) Olten und Freiburg 1986 ff.

Harnisch, Günter: Das große Traum-Lexikon. Freiburg 1989

Jacobi, Jolande: Die Psychologie von C. G. Jung. Eine Einführung in das Gesamtwerk, mit einem Geleitwort von C. G. Jung. Frankfurt a. M. 1978

Jung, C. G.: Bewußtes und Unbewußtes, Frankfurt a. M. 1957

Mann, Thomas: Freud und die Zukunft; in: Sigmund Freud: Abriß der Psychoanalyse. Das Unbehagen in der Kultur. Frankfurt a. M. 1970

Vollmar, Klausbernd: Dream Power. Ein Handbuch für Träumer. Berlin 1988

Märchen / Märchendeutung

Drewermann, Eugen, und Ingrit Neuhaus: *Reihe* Grimms Märchen tiefenpsychologisch gedeutet. Olten und Freiburg 1982 ff.

Fiebig, Johannes: Märchen heute – was sie uns bedeuten. Planungsmaterial für den Deutschunterricht (in der Reihe: Deutsch – betrifft uns, hrsg. v. Guido Ossemann). Aachen 1985

Franz, Marie-Louise von: Psychologische Märcheninterpretation. Eine Einführung. München 1989

Grimm, Brüder Jacob und Wilhelm: Kinder- und Hausmärchen. Urfassung 1812/1814. Mit einem Nachwort von Peter Dettmering. Lindau o. J.

dies.: Kinder- und Hausmärchen: Jubiläumsausgabe zum 200. Geburtstag 1985/6: Ausgabe letzter Hand mit den Originalanmerkungen der Brüder Grimm, hrsg. v. Heinz Rölleke. Stuttgart 1984

Hetmann, Frederik: Traumgesicht und Zauberspur. Märchenforschung – Märchenkunde – Märchendiskussion. Frankfurt a. M. 1982

Konrad, Johann Friedrich: Hexen-Memoiren. Märchen entwirrt und neu erzählt. Frankfurt a. M. 1981

Seifert, Theodor (Hrsg.): *Reihe* Weisheit im Märchen. Zürich 1984 ff.

Wittmann, Ulla: Ich Narr vergaß die Zauberdinge. Märchen als Lebenshilfe für Erwachsene. Interlaken 1985.

Verschiedenes zur Symbolkunde

Arnheim, Rudolf: Anschauliches Denken. Zur Einheit von Bild und Begriff. Köln 1969

Bächtold-Stäubli, Hannes, und Eduard Hoffmann-Krayer (Hrsg.): Handwörterbuch des deutschen Aberglaubens. 10 Bände. Berlin 1927–42

Bauco, Luigi und Francesco Millocca: Das Geheimnis des »Pendels« – entschlüsselt. München 1990

Feldenkrais, Moshé: Die Entdeckung des Selbstverständlichen. Frankfurt a. M. 1985

Fromm, Erich: Märchen, Mythen, Träume. Eine Einführung in das Verständnis einer vergessenen Sprache. Reinbek 1981

Groddeck, Georg: Der Mensch als Symbol. Frankfurt a. M. 1978

Herder-Lexikon: Symbole. Freiburg 1978

Kellerer, Christian: Der Sprung ins Leere. Objet trouvé – Surrealismus – Zen. Köln 1982

Lang, Hermann: Die Sprache und das Unbewußte. Jacques Lacans Grundlegung der Psychoanalyse. Frankfurt a. M. 1986

Lurker, Manfred: Lexikon der Götter und Dämonen. Stuttgart 2. Aufl. 1989

ders. (Hrsg.): Wörterbuch der Symbolik, Stuttgart 4. Aufl. 1988

Miers, Horst E.: Lexikon des Geheimwissens. München 1986

Ranke-Graves, Robert von: Griechische Mythologie. Quellen und Deutung. 2 Bde. Reinbek 1982

Rosenberg, Alfons: Einführung in das Symbolverständnis. Freiburg 1959

Ruck-Pauquèt, Gina: Geschichten für das Krebs-Kind. Bayreuth 1983

Vollmar, Klausbernd: Das Geheimnis der Farbe Schwarz. Südergellersen 1988

Wedewer, Rolf: Zur Sprachlichkeit von Bildern. Ein Beitrag zur Analogie von Sprache und Kunst. Köln 1985

Wilson, Colin: Das Okkulte. Berlin und Schlechtenwegen 1982

Wittlich, Bernhard: Symbole und Zeichen. 2. Aufl. Bonn 1982

Register

Weitere Veröffentlichungen
von Evelin Bürger & Johannes Fiebig

Evelin Bürger & Johannes Fiebig:
Tarot – Spiegel Deiner Möglichkeiten
Bonn 1984; 8. Auflage Trier 1991
Ausgabe Rider-Tarot: ISBN 3-923261-05-5
Ausgabe Crowley-Tarot: ISBN 3-923261-35-7
Verlag Kleine Schritte. 128 Seiten. Zahlr. Abbildungen

Eines der erfolgreichsten deutschsprachigen Tarot-Bücher.

Johannes Fiebig:
Tarot – Andere Wege im Alltag
Bonn 1987; 2. Auflage 1988
Verlag Kleine Schritte. ISBN 3-923261-10-1.
128 Seiten. Zahlr. Abbildungen

»Fiebig, erfahrener Tarot-Anhänger, schlägt ein neues Kapitel im Tarot-Kartenlegen auf. Während die üblichen Handbücher mehr dem traditionellen Muster verhaftet sind, baut er auf selbständige Orientierung:… (ein) Grundlagenwerk für fortgeschrittene Tarot-Fans.« (Uwe-F. Obsen, ekz-Informationsdienst 6/88)

Johannes Fiebig:
Märchen heute – was sie uns bedeuten
Aachen 1985 ff.
Verlag Bergmoser + Höller. ISSN 0178-0417.
40 Seiten Loseblatt DIN A4
In der Reihe »Deutsch – betrifft uns. Planungsmaterial für den Deutschunterricht«, hrsg. v. Guido Ossemann, Heft 2/85.

Evelin Bürger & Johannes Fiebig (Hrsg.):
Tarot – Calender
(Jahresschrift für Tarot und Astrologie)
Trier 1990 ff.
éditions trèves. ISBN 3-88081-295-0 ff.

Mit Tarot und Astrologie durchs Jahr. Wechselnde Jahresthemen.

Zauber der Symbole

Reihe Astrologie, Tarot, Träume & Märchen

Astrologie, Tarot, Traum- und Märchendeutung verbinden sich zu einer zauberhaften Symbolkunde für jedes Tierkreiszeichen. Diese Buchreihe bietet »Schritte in die Richtung der ganzheitlichen Betrachtungsweise... ein flüssiges und spannendes Lesevergnügen« *(Mainzer Allgemeine).*

Johannes Fiebig: **Der Widder in uns.**
Macht und Abenteuer. ISBN 3-927808-01-6

Johannes Fiebig: **Auf der Suche nach dem Eingemachten.**
Der Stier in uns allen. ISBN 3-927808-02-4

Johannes Fiebig: **Schneller als der Schatten.**
Die Zwillinge in uns allen. ISBN 3-927808-03-2

Johannes Fiebig: **Tierkreiszeichen Krebs.**
Chaos und Geborgenheit. ISBN 3-927808-04-0

Johannes Fiebig: **Der Löwe in uns.**
Wille und Verwandlung. ISBN 3-927808-05-9

Johannes Fiebig: **Die Jungfrau in uns.**
Erfahrung und Ernte. ISBN 3-92808-06-7

Johannes Fiebig: **Die Waage in uns.**
Konsequenz und Harmonie. ISBN 3-927808-07-5

Johannes Fiebig: **Der Skorpion in uns.**
Geheimnis und Leidenschaft. ISBN 3-927808-08-3

Johannes Fiebig: **Der Schütze in uns.**
Einsicht und Begeisterung. ISBN 3-927808-09-1

Johannes Fiebig: **Der Glanz des Dunklen.**
Der Steinbock in uns allen. ISBN 3-927808-10-5

Johannes Fiebig: **Der Zauber des Eigenen.**
Der Wassermann in uns allen. ISBN 3-927808-11-3

Johannes Fiebig: **Die Fische in uns.**
Glaube und Vertrauen. ISBN 3-927808-12-1

Jeder Band 160 Seiten, zahlreiche Abbildungen, DM 14,80. Königsfurt Verlag. Erhältlich im Buchhandel.